Martin Cunow

Diagnose Krebs

Martin Cunow

Diagnose Krebs

Wie erkläre ich es meinem Kind

Familienbande

Impressum / Imprint
Bibliografische Information der Deutschen Nationalbibliothek: Die Deutsche Nationalbibliothek verzeichnet diese Publikation in der Deutschen Nationalbibliografie; detaillierte bibliografische Daten sind im Internet über http://dnb.d-nb.de abrufbar.

Bibliographic information published by the Deutsche Nationalbibliothek: The Deutsche Nationalbibliothek lists this publication in the Deutsche Nationalbibliografie; detailed bibliographic data are available in the Internet at http://dnb.d-nb.de.

Coverbild / Cover image: www.ingimage.com

Verlag / Publisher:
Familienbande
ist ein Imprint der / is a trademark of
OmniScriptum GmbH & Co. KG
Heinrich-Böcking-Str. 6-8, 66121 Saarbrücken, Deutschland / Germany
Email: info@verlag-familienbande.de

Herstellung: siehe letzte Seite /
Printed at: see last page
ISBN: 978-3-639-62009-2

REHAKLINIKEN

WIE SAGE ICH ES MEINEM KIND

EINLEITUNG

"Sie haben **KREBS**" - eine Schockdiagnose für jeden Menschen. Noch schwieriger wird es, wenn der Betroffene **KINDER** hat.

- Soll man die schreckliche Nachricht sofort mitteilen oder besser zunächst verheimlichen?
- Und wie vermittelt man so etwas am besten an seine Kinder?

Wenn eine MUTTER oder ein VATER an **KREBS** erkrankt, ist nicht nur die Sorge um die eigene Gesundheit groß. Es stellt sich auch die Frage, wie man sich dem eigenen Kind gegenüber verhält.

„Das Erschütternde ist nicht das Leiden der Kinder an sich, sondern der Umstand, dass sie unverdient leiden ... wenn wir nicht eine Welt aufbauen können, in der Kinder nicht mehr leiden, können wir wenigstens versuchen, das Maß der Leiden der Kinder zu verringern."

Albert Camus (1913-1960) französischer Philosoph, Novellist, Essayist und Dramatiker,1957 Nobelpreis für Literatur

Kinder und Jugendliche haben ihre eigene Art des Umgangs mit der Erkrankung. Sie haben Fragen und Ängste, trauen sich aber oft nicht, darüber zu sprechen, weil sie ihre Angehörigen nicht belasten möchten.

ABER in der heutigen Zeit ist es wichtig, offen mit seinen Kindern zu sprechen. Doch viele Eltern fragen sich wie oder trauen sich nicht. Deswegen habe ich versucht, dies nun in diesem Buch zu erklären mit Tipps, Antworten, Informationen und einem Lexikon für Kinder über das Thema **KREBS**.

Sehr oft sind dann die ersten Gedanken erkrankter Eltern nach der Diagnose:

„Werde ich mein Kind aufwachsen sehen, muss ich bald sterben, wie soll ich meinem Kind sagen, dass ich **KREBS** habe, wie kann ich mit meiner Krankheit umgehen, so dass mein Kind möglichst wenig Schaden nimmt?“

– die Frage des Umgangs mit dem Thema **KREBS** stellt sich sehr schnell.

Ich hoffe, dies mit meiner langjährigen eigenen Erfahrung nun weitergeben zu können.

Ärzte, Psychologen - Fachleute raten, Kinder so früh wie möglich über die Krebserkrankung eines Elternteils (zB. Vater oder Mutter) aufzuklären. Es hilft Kindern nicht, wenn Eltern ihre Erkrankung verschweigen.

Um zu verstehen, was im eigenen Umfeld passiert, sind richtige Informationen wichtig!

© M. Laura (Bild 2013 – gemalt von meiner Tochter)

Wie sagt man es seinem Kind?

Da **KREBS** in der (*unsere*) Gesellschaft weiterhin ein Tabu sei und zu Unrecht sofort mit dem Tod assoziiert werde, würden viele Betroffene die Aufklärung ihrer Familie hinauszögern.

Daher lautet die Frage dann immer:

- Wie sage ich es dem Kind?
- Kann es diese Nachricht verarbeiten?

Deswegen ist es **WICHTIG**, je klarer und eindeutiger die Situation erklärt wird, umso leichter kann die Information emotional verarbeitet werden. Sie sollten ihr Kind in möglichst einfacher Sprache aufklären und immer wieder die **CHANCE** für Rückfragen geben.

Je mehr verschwiegen wird und je mehr das Kind nicht begreift, desto bedrohlichere Formen nehmen die Vorstellungen in der Fantasie des Kindes an. Um das zu verhindern, sind meistens mehrere Gespräche notwendig. Dafür sollten sich auf jeden Fall genügend und immer wieder **ZEIT** nehmen.

© Cunow Martin (Photo-1 2005 – 2. Krebs NHL | Photo-2 2013 – 3. Krebs T-Zell Lymphom)

DEN BEGRIFF KREBS NICHT MEIDEN!

Sie sollten sich ihrem Kind zum ausführlichen Gespräch zur Verfügung stellen und es zu Fragen ermuntern. Es hat keinen Sinn, den Begriff "**KREBS**" zu meiden, da das Kind auf anderen Wegen, über Nachbarn, Verwandte und Freunde, doch davon erfahren wird.

Kinder hören "**KREBS**" oft nur im Zusammenhang mit Sterben. Deshalb sollten Eltern ihrem Kind sagen, dass **KREBS** nicht tödlich enden muss, sondern dass alles dafür getan wird, damit man wieder gesund wird und noch lange leben kann.

Es kann ihrem Kind helfen, wenn auch die **LEHRER**/innen **/ ERZIEHER**/innen über die Erkrankung (des Elternteils) Bescheid wissen. So bekommt es die nötige Rücksichtnahme, Verständnis und Trost, falls es sich anders verhält als gewohnt.

Bei Jugendlichen sollte man solche Informationen nur nach Rücksprache mit dem "**KIND**" weitergeben, denn:

Teenager orientieren sich an Gleichaltrigen, sie wollen gleich (stark) sein und dazugehören. Da passen schwere Krankheiten nicht ins Bild.

Informationen und Beratungsangebote bietet:

Hilfe für Kinder krebskranker Eltern e.V.
An den Drei Hasen 6a
61440 Oberursel

Telefon: 06171-2969287

E-Mail: info(at)hilfe-fuer-kinder-krebskranker-eltern.de
Internet: http://hilfe-fuer-kinder-krebskranker-eltern.de

WICHTIGE INFORMATIONEN

Was ist **KREBS**?

Jede Zelle im Körper hat andere Funktionen. Es gibt z. B. Hautzellen, Muskelzellen, Gehirnzellen usw. Wenn eine Körperzelle sich nicht zu einer funktionierenden Zelle entwickelt, die ihre vorgesehene Aufgabe erfüllt, sondern sich nur vermehrt und viele Tochterzellen bildet, nennt man das **KREBS**.

Leukämie

Das Wort Leukämie bedeutet „weißes Blut". Bei der Leukämie ist die Bildung der weißen Blutkörperchen gestört. Die Zellen teilen sich nicht richtig, sondern sehr schnell und überschwemmen das Blut. Ihre eigentlichen Aufgaben können sie aber nicht richtig erfüllen. Sie stören sogar die anderen Zellen bei ihrer Arbeit. Diese kranken Zellen heißen Leukämiezellen (auch: „unreife Blutzellen" oder „Blasten").

Hinweise auf eine Leukämie sind z. B. das häufige Auftreten von blauen Flecken oder Hautblutungen, ohne dass man sich verletzt hat. Viele Kinder und Jugendliche fühlen sich richtig matt, die Schulleistungen lassen oft nach und die Haut ist sehr blass.

Die Leukämien sind die häufigste Krebsart bei Kindern und Jugendlichen.

Lymphome

Lymphome sind Lymphknotentumoren. Sie bilden sich zum Beispiel in den Lymphdrüsen. Am häufigsten fällt eine Lymphknotenschwellung im Kopf-Halsbereich auf, die über mehrere Wochen besteht. Auch die Lymphknoten der Achsel- und Brusthöhle können befallen sein.

Morbus Hodgkin und Non-Hodgkin-Lymphom sind Namen von Erkrankungen aus diesem Bereich. Morbus Hodgkin heißt auch Lymphogranulomatose.

Knochentumoren

Das Osteosarkom ist der häufigste Knochentumor. Besonders oft befindet es sich nahe am Kniegelenk, entweder am Ober – oder Unterschenkelknochen, seltener auch am Oberarm oder Beckenknochen. Das Ewing-Sarkom befindet sich besonders häufig in der Mitte der langen Röhrenknochen, in den Beckenknochen, Rippen, Schulterblatt und in den Wirbelkörpern.

Schmerzen im Bereich der betroffenen Knochen sind die ersten Zeichen dieser Tumoren, später können Schwellungen dazu kommen. Knochentumoren kommen eher bei älteren Kindern und Jugendlichen vor.

Hirntumoren

Hirntumoren sind die zweithäufigste Tumorart bei Kindern und Jugendlichen. Meistens entstehen sie im Stammhirn und im Kleinhirn. Gliome können auch im Großhirn lokalisiert sein.

Unsicherer Gang, Kopfschmerzen, morgendliches Erbrechen und manchmal auch Lähmungen geben die ersten Hinweise auf Hirntumoren.

Die bekanntesten Hirntumoren sind Astrozytome, Ependymome, Gliome und Medulloblastome.

Weichteiltumoren

Weichteiltumoren sind bösartige Erkrankungen, die in Muskeln, Bändern, Gelenken oder auch im Nervengewebe vorkommen. Das Rhabdomyosarkom ist der häufigste Weichteiltumor, andere heißen **PNET**, Synovialsarkom und Fibrosarkom.

Er ist ein Tumor des Muskel- und Bindegewebes und findet sich am im Kopf-Halsbereich (Auge, Mittelohr, Nasenhöhlen, Gaumen, Speicheldrüse), Blase und Darm, an den Extremitäten und an der Wirbelsäule. Je nach Ort des Tumors gibt es andere Anzeichen: oft Schwellungen im Bereich des Tumors.

Neuroblastome

Neuroblastome kommen innerhalb der ersten zwei Lebensjahre am häufigsten vor. Sie haben ihren Ursprung im sogenannten autonomen Nervengewebe entlang der Wirbelsäule. Der Tumor kann als Geschwulst im Bauch oder in der Brust auftreten, dann können auch Atembeschwerden und Husten vorhanden sein.

Wilmstumor

Der Wilmstumor heißt auch Nephroblastom und geht von der Niere aus. Anzeichen sind eine Vergrößerung des Bauches.

Die Geschwulst kann durch den Bauch hindurch getastet werden.

Das Nephroblastom kommt eher bei jüngeren Kindern vor.

Hepatoblastom

Der Lebertumor oder das Hepatoblastom kann die ganze Leber oder einzelne Teile befallen. Die Krankheit ist sehr selten und kommt vor allem bei Säuglingen und Kleinkindern bis zum dritten Lebensjahr vor.

Keimzelltumor

Aus den menschlichen Keimzellen, aus denen verschiedene Gewebe des Embryos aufgebaut werden, können auch bösartige Tumoren entstehen. Am häufigsten findet man sie in den Hoden und Eierstöcken, am Steißbein, im Bereich zwischen den Lungen und im Gehirn.

Quelle: http://medizin-fuer-kids.de/kinderklinik/krankheiten/Krebs/start_krebs.htm

WICHTIGE INFORMATIONEN (2)

KREBS ist eine seit alters her bekannte Krankheit. **KREBS** ist ein Sammelbegriff für verschiedene Krankheiten mit gemeinsamen Merkmalen: Ursprünglich normale Zellen des menschlichen Körpers vermehren sich unkontrolliert, wachsen in gesundes Gewebe ein und schädigen es. Sie werden zu Krebszellen.

Es gibt z. B. Hautzellen, Muskelzellen, Gehirnzellen usw. Wenn eine Körperzelle sich nicht zu einer funktionierenden Zelle entwickelt, die ihre vorgesehene Aufgabe erfüllt, sondern sich nur vermehrt und viele Tochterzellen bildet, nennt man das **KREBS**.

Das neu entstandene Krebsgewebe heißt Tumor. Man unterscheidet solide Tumoren, die einzelne Organe betreffen und Erkrankungen, die ein gesamtes Funktionssystem miteinbeziehen z.B. Krebserkrankungen des Blutes (Leukämien).

Wenn ein solider Tumor bösartig („maligne“) ist, wächst er in Organe ein und zerstört sie. Er versucht, sich über Blut- und Lymphgewebe im ganzen Körper auszubreiten und anzusiedeln, d. h. Metastasen zu bilden.

Ein gutartiger („benigner“) Tumor verdrängt Gewebe, er wächst nicht hinein.

Ein großer Teil der Krebserkrankungen von Kindern ist genetisch bedingt, d.h. dass sie vererbt werden oder durch Veränderungen im Erbgut entstanden sind. In über 90% der Fälle entwickelt sich Kinderkrebs aus dem Gewebe, aus dem normalerweise Blut und Knochen, Muskeln und Sehnen und Organe gebildet wird.

„Es ist ein Wunder, dass ich all meine Hoffnungen noch nicht aufgegeben habe, denn sie scheinen absurd und unerfüllbar. Doch ich halte daran fest, trotz allem, weil ich noch stets an das Gute im Menschen glaube.“

Anne Frank 1929-1945, deutsche Autorin, Holocaust-Opfer

WICHTIGE INFORMATIONEN (3)

Sieben Millionen Menschen sterben jedes Jahr weltweit, jeder zweite Mann und jede dritte Frau werden einmal in ihrem Leben die Diagnose Krebs erhalten. Jedoch 1 von 3 Krebstoten können verhindert werden durch Vorsorge und Früherkennung. – So beginnt der Aufruf „Stand up and Do Something“ der World Cancer Day – Union for International Cancer Control. Worum es geht? Jedes Jahr am 4. Februar wird der Weltkrebstag ausgerufen. Es soll erinnert werden an die Notwendigkeit, Vorbeugung, Erforschung und Behandlung von Krebserkrankungen ins öffentliche Bewusstsein zu rücken. Motto dieses Jahr „Together it is possible“

Weltkrebstag - Aufklärung über KREBS-Mythen (2014)

Seit 2007 wird der Welt-Krebstag international von der Welt-Krebsorganisation (UICC) am 4. Februar ausgerufen.

Viele der mehr als 700 Mitgliedsorganisationen aus über 150 Ländern – darunter auch die Deutsche Krebshilfe e.V. und die Deutsche Krebsgesellschaft e.V. – beteiligen sich an diesem Aktionstag.

Im Jahr 2010 sind aktuellen Schätzungen des Zentrums für Krebsregisterdaten zufolge in Deutschland 252.400 Männer und 224.900 Frauen an **KREBS** erkrankt. Zu den häufigsten Krebsarten bei Männern zählen Prostatakrebs und Lungenkrebs, Frauen hingegen sind am häufigsten von Tumoren der Brustdrüse und des Darms betroffen.

Experten schätzen, dass die Zahl der Krebserkrankungen bedingt durch den demografischen Wandel weiter zunehmen wird – bis zum Jahr 2050 um 30 Prozent.

- Durch Information und Aufklärung Krebsmythen bekämpfen!

Mit der Kampagne „World Cancer Day" will die Weltkrebs-Vereinigung UICC (Union for International Cancer Control) dieser Entwicklung begegnen. Aktionen weltweit machen anlässlich des Welt-Krebstages am 4. Februar auf die Erkrankung sowie auf Möglichkeiten der Vorsorge und Therapie aufmerksam.

Im Vordergrund stehen in diesem Jahr vier Gesundheitsmythen:

- „We don't need to talk about cancer"
- „Cancer...there are no signs or symptoms"
- „There is nothing I can do about cancer"
- „I don`t have the right to cancer care"

Die Auseinandersetzung mit diesen Mythen soll dazu beitragen, bestehende Wissensdefizite und Vorurteile auszuräumen.

Die Mythen zu beseitigen ist eines von neun Zielen, die die UICC bis zum Jahr 2025 erreichen will. Zu diesen gehören weiterhin die Reduktion Krebsassoziierter Risikofaktoren sowie die Verbesserung des Zugangs zu Vorsorge- und Früherkennungsuntersuchungen.

Quelle: http://www.bvpraevention.de/cms/index.asp?inst=bvpg&snr=9945

Original Zusammengefasst:

Deutsche Krebshilfe. Welt-Krebstag am 4. Februar. http://www.krebshilfe.de
Deutsche Krebshilfe. Krebszahlen. http://www.krebshilfe.de
Union for International Cancer Control (UICC). http://www.uicc.org
World Cancer Day 2014. http://worldcancerday.org
Zentrum für Krebsregisterdaten. Neue Daten zu Krebs in Deutschland. http://www.krebsdaten.de

10 WÜNSCHE ***DER*** KINDER

Was sich Kinder von der Familie, von Freunden und Bekannten, von Ärzten, von Kindergarten und Schule, von ... wünschen, wenn Mama oder Papa **KREBS** hat.

1.

Sprich mit mir – ich gehöre auch dazu.

2.

Sag mir die Wahrheit. Das ist schwer für mich, aber leichter, als mit meiner großen Angst alleine zu sein.

3.

Erkläre mir die Sachen so, dass ich sie verstehen kann. Bitte setz dich mit mir hin und verwende einfache Worte, die ich gut verstehe.

4.

Komm zu mir und schau mit mir gemeinsam nach, ob ich von dir etwas wissen will. Von alleine traue ich mich nicht zu dir zu kommen, weil ich dich ja vielleicht nicht so gut kenne, weil du wenig Zeit hast und ich mich manchmal auch davor fürchte.

5.

Mitunter will ich etwas nicht wissen – dann lass das bitte zu.

6.

Sag mir, dass ich nicht schuld bin, dass meine Mama / mein Papa krank ist.

7.

Erkläre mir, was ich für meine Mama oder meinen Papa tun kann – ich will auch helfen.

8.

Manchmal will ich auch mit meinen Freunden spielen, wegfahren und Spaß haben. Bitte erkläre meinen Eltern, dass das normal ist und dass ich sie trotzdem lieb habe.

9.

Ich muss wissen, wer auf mich aufpasst, mir etwas kocht, mich in den Kindergarten oder in die Schule bringt und bei mir ist, wenn ich krank bin. Bitte sag meinen Eltern, wie wichtig das für mich ist.

10.

Interessiere dich für mich, auch wenn du der Arzt / die Ärztin meiner Mama oder meines Papas bist.

„Alle Träume können wahr werden, wenn wir den Mut haben, ihnen zu folgen.“

Walt Disney

FALSCHE ANSICHTEN ÜBER KREBS!

- Eine positive Grundeinstellung ist alles was man braucht um eine Krebserkrankung zu überwinden.

- Wenn die Wissenschaft es geschafft hat Menschen auf den Mond zu bringen dann sollte sie es auch schaffen KREBS zu besiegen.

- Regelmäßige Kontrolluntersuchungen und die modernen Diagnosemöglichkeiten ermöglichen eine echte Früherkennung aller Krebserkrankungen.

- KREBS ist immer eine sehr schmerzhafte Erkrankung.

- Wenn Luft an einen KREBS kommt z.B. während einer Operation dann breitet er sich schneller aus.

- Gute Menschen bekommen keinen KREBS.

- Schlechte Menschen bekommen immer KREBS.

- KREBS ist ansteckend.

DAS SOLLTEN SIE / DU ÜBER KREBS WISSEN

- KREBS ist nicht ansteckend
- KREBS bei Kindern und bei Erwachsenen ist nicht dasselbe
- KREBS bei Kindern und Jugendlichen kann heute erfolgreich behandelt werden

Drei von vier Kindern werden wieder gesund. Bei manchen Erkrankungsarten liegen die Heilungschancen sogar bei über 90 %! Bei Erwachsenen liegt sie bei ca. 75%.

Krebs ist nicht nur eine Erkrankung des vom Tumor befallenen Organs, sondern stets eine Erkrankung des ganzen Menschen. Entsprechend sollte auch Ihre Krebstherapie ganzheitlich auf den gesamten Menschen ausgerichtet sein.

Die Stärkung der körpereigenen Abwehr sollte daher fester Bestandteil jeder Krebstherapie sein.

Wie entsteht KREBS?

Krebszellen entstehen, wenn sich bestimmte Abschnitte der Erbsubstanz (Gene) verändern und diese Veränderungen nicht mehr repariert werden können. Die Erbinformation wird dadurch verfälscht und je älter der Mensch wird, desto schlechter funktioniert das Reparatursystem für Gene. Dies ist auch der Grund warum das mittlere Erkrankungsalter für Männer und Frauen heute bei knapp 70 Jahren liegt. Viel seltener gibt es Krebsarten die insbesondere jüngere Erwachsene treffen, wie zum Beispiel der Hodenkrebs.

Was ist die Ursache von Krebserkrankungen?

Obwohl bei den meisten Krebskranken nach wie vor die Ursache im Einzelfall nicht eindeutig geklärt werden kann, gibt es Faktoren, die das Risiko für die Entstehung von **KREBS** erhöhen. Dazu gehören UV-Strahlen, Tabakrauch, Chemikalien, chronische Infektionen, erhöhter Alkoholkonsum, ungesunde Lebensweise mit wenig Obst, Gemüse und wenig Bewegung. In circa 5-10% der Fälle geht man heute davon aus, dass die Krebsentstehung erblich bedingt ist. In den betroffenen Familien **tritt** der **KREBS** in jeder Generation und häufig schon in jungen Jahren auf.

WARUM MACHT KREBS KRANK?

Eine Krebsgeschwulst zerstört das Organ, aus dem sie entstanden ist. Dies kann zu Beschwerden, z. B. Schmerzen, führen. Die gefährlichste Eigenschaft von Krebszellen besteht jedoch darin, in benachbarte Gewebe einzudringen, sich im gesamten Körper auszubreiten und an entfernten Stellen sogenannte Tochtergeschwülste (Metastasen) zu bilden. Damit schädigen Krebszellen mit der Zeit lebenswichtige Strukturen und Funktionen des menschlichen Organismus. Der betroffene Mensch wird krank und kann auch sterben.

Wie häufig sind Krebserkrankungen?

Weltweit erkranken derzeit mehr als elf Millionen Menschen pro Jahr neu an **KREBS**. Knapp acht Millionen Menschen pro Jahr versterben daran. Damit ist **KREBS** weltweit nach den Herz-Kreislauferkrankungen die zweithäufigste Todesursache. Da auch in den nächsten Jahrzehnten davon auszugehen ist, dass Menschen weltweit älter werden, gehen Experten davon aus, dass in 20 Jahren ca. 15 Millionen Menschen jährlich an **KREBS** erkranken werden.

Frauen erkranken am häufigsten an Brust-, Lungen-, Magen- und Darmkrebs. Bei Männern treten am häufigsten Lungen-, Magen-, Leber-, Darm-, Speiseröhren- und Prostatakrebserkrankungen auf. Tabakrauch ist der größte Risikofaktor, der zu **KREBS** führt.

Über 70% der Menschen, die im Jahr 2007 an **KREBS** weltweit starben, lebten in Ländern mit geringem oder mittlerem Einkommen.

In Österreich erkranken derzeit insgesamt 35 000 Menschen pro Jahr an **KREBS**; davon sind 46% Frauen und 54% Männer. Die prozentuelle Verteilung der einzelnen Krebsarten entspricht weitestgehend der in der westlichen Welt.

Quelle:
http://www.krebspatienten.info/ueber-krebs/krebs-im-allgemeinen/was-ist-krebs.html

Es ist deswegen auch Wichtig die Kinder frühzeitig aufzuklären!

FRÜHERKENNUNG

Die meisten bösartigen Tumoren und ihre Vorstufen bleiben zunächst unbemerkt, da sie keine Beschwerden verursachen. Ihre rechtzeitige Erkennung könnte eine Krebserkrankung oft verhindern. Besonders wichtig ist deshalb die regelmäßige Teilnahme an Krebsfrüherkennungs-Untersuchungen

Krebsfrüherkennung - wozu?

Grundsätzlich dient die Früherkennung von **KREBS** dazu, die Erkrankung in einem möglichst frühen Stadium festzustellen. Je früher ein **KREBS** entdeckt wird, desto einfacher kann er in der Regel behandelt werden und desto größer sind im Allgemeinen die Heilungs- und Überlebenschancen. Früherkennung kann den **KREBS** nicht verhindern, sie kann aber Veränderungen, die auf einen Tumor hindeuten, bereits in einem frühen Stadium aufzeigen.

Tatsächlich gibt es aber auch einzelne Früherkennungsuntersuchungen, die auch der Entstehung der Krebserkrankung vorbeugen können. So werden bei der Früherkennung von Gebärmutterhals-, Darm- und Hautkrebs auch gezielt gutartige Vorstufen gesucht, die sich zu bösartigen Tumoren weiterentwickeln können. Wenn diese Vorstufen entfernt werden, kann **KREBS** verhindert werden.

© Cunow Martin (Bild 2011 – Vorlage Tattoo zu meinem 30. Geburtstag)

„Krebs ist ein Sammelbegriff für verschiedene Krankheiten mit gemeinsamen Merkmalen: Ursprünglich normale Zellen des menschlichen Körpers vermehren sich unkontrolliert, wachsen in gesundes Gewebe ein und schädigen es. Sie werden zu Krebszellen." sagt Univ. Prof. Dr. Samonigg.

Univ.-Prof. Dr. Hellmut Samonigg

Krebsfrüherkennung - wie?

Grundsätzlich vermag jeder Mensch selbst durch Beobachtung seines Körpers und regelmäßige Untersuchungen wesentlich zur Früherkennung von Krebserkrankungen beitragen. Man sollte unbedingt den Arzt aufsuchen, wenn andauernde Beschwerden auftreten, wie chronischer Husten, anhaltende Heiserkeit, Veränderungen beim Stuhlgang oder beim Wasser lassen, oder wenn unerklärliche Appetitlosigkeit und Gewichtsverlust auftreten. Auch Schwierigkeiten beim Schlucken und insbesondere neue, ungewöhnliche Hautveränderungen sollten zu einem Arztbesuch führen.

Für verschiedene Krebsarten gibt es unterschiedliche Methoden zur Früherkennung. Als Frau sollten Sie die entsprechenden Untersuchungen zur Früherkennung von Brustkrebs durchführen, sowie regelmäßig ab dem Erwachsenenalter bei Ihrem Gynäkologen einen Krebsabstrich machen lassen, um Gebärmutterhalskrebs möglichst früh zu erkennen.

Als Mann sollten Sie ab dem 50. Lebensjahr die entsprechenden Maßnahmen zur Früherkennung von Prostatakrebs setzen.

Sowohl Männer als auch Frauen, sollten ab 50 die entsprechenden Untersuchungen zur Früherkennung von Darmkrebs durchführen.

Quelle:
http://www.krebspatienten.info/ueber-krebs/krebs-im-allgemeinen/frueherkennung.html

DIAGNOSE

Ärzte verfügen heute über viele Methoden, um Krebserkrankungen zu diagnostizieren. Hierzu zählen unter anderem bildgebende Verfahren, Endoskopie sowie Laboruntersuchungen. Diese Verfahren reichen jedoch nicht aus, um die Art der Erkrankung und ihre Ausbreitung zu beurteilen. Entscheidend für die Diagnostik ist vielmehr die Untersuchung von Gewebeproben durch den Pathologen. Erst wenn der Pathologe bei der histologischen Untersuchung Tumorzellen entdeckt hat, ist die Krebsdiagnose gesichert.

Wie wird eine Krebserkrankung erkannt und festgestellt?

Nach einem ausführlichen ärztlichen Gespräch über die bestehenden Beschwerden und einer exakten körperlichen Untersuchung stehen heutzutage für nahezu sämtliche Krebserkrankungen ausgezeichnete Methoden zur Feststellung der Diagnose zur Verfügung.

Es sind insbesondere die Methoden der bildgebenden Verfahren, wie Ultraschall, Magnetresonanzuntersuchungen, PET- Untersuchung, Computertomographie, aber auch nuklearmedizinische Untersuchungen wie die Szintigraphie, etc.

Je nach vermutetem Entstehungsort der Krebserkrankung, gelangen zusätzlich sogenannte endoskopische Methoden, um das Innere des Körpers sichtbar zu machen, zur Anwendung. Es ist dies zum Beispiel die sogenannte Magen-Darmspiegelung, aber auch die Untersuchung der Luftröhre mittels sogenannter Bronchoskopie. Auch die Harnwege und die Harnblase können durch entsprechende Besichtigung der inneren Oberfläche, bei Verdacht auf Krebserkrankung, untersucht werden. Die meisten dieser Untersuchungsmethoden werden ergänzt durch spezielle Blutuntersuchungen, aber auch Untersuchungen anderer Körperflüssigkeiten.

Schlussendlich erfolgt die Sicherung der Diagnose **KREBS** praktisch immer durch eine Gewebsentnahme mittels Punktion der jeweiligen Geschwulst, oder aber mittels eines kleinen operativen Eingriffs. Der endgültige Beweis des Vorliegens einer Krebserkrankung wird durch die Gewebsaufarbeitung (Histologie) erbracht.

Quelle:
http://www.krebspatienten.info/ueber-krebs/krebs-im-allgemeinen/diagnose.html

ES GIBT HEUTZUTAGE VIELE BEHANDLUNGSMÖGLICHKEITEN

Jede Krebstherapie wird individuell für den betroffenen Patienten festgelegt. Sie richtet sich nach der Krebsform, seiner individuellen Ausprägung, wie Lage und Stadium, aber auch nach der Gesamtkonstitution des Patienten, etwa seines Herz–Kreislaufsystems und seinem Alter. Dabei kann eine einzelne Therapieform zum Einsatz kommen oder mehrere aufeinander abgestimmte Therapiemodalitäten.

Operation

Manchmal wird der Tumor sofort nach der Diagnose entfernt. In manchen Fällen wird aber erst eine Chemotherapie durchgeführt, damit der Tumor kleiner wird.

Wenn der Tumor durch die Chemotherapie kleiner geworden ist, kann die Operation oft schonender durchgeführt werden. Außerdem wird verhindert, dass er sich weiter ausbreiten kann.

In manchen Fällen reicht schon die Operation alleine aus, um den **KREBS** zu entfernen.

Chemotherapie

Bei dieser Therapie bekommt der Patient verschiedene Medikamente, die die Krebszellen schädigen und vernichten können.

Wichtig dabei ist, dass sich die Medikamente über die Blutbahn im ganzen Körper verteilen und so den **KREBS** an jeder Stelle des Körpers bekämpfen. Diese Medikamente werden meistens über eine Infusion verabreicht.

Die Chemotherapie dauert je nach Erkrankung verschieden lange, damit man auch wirklich alle Krebszellen „erwischt".

Zwischen den einzelnen Therapieblöcken sind die Kinder oft zuhause. Inzwischen bieten viele Kliniken die Verabreichung der Chemotherapie in einer Tagesklinik an, d. h. die Kinder können abends wieder nach Hause.

LEXIKON (**KREBS**)

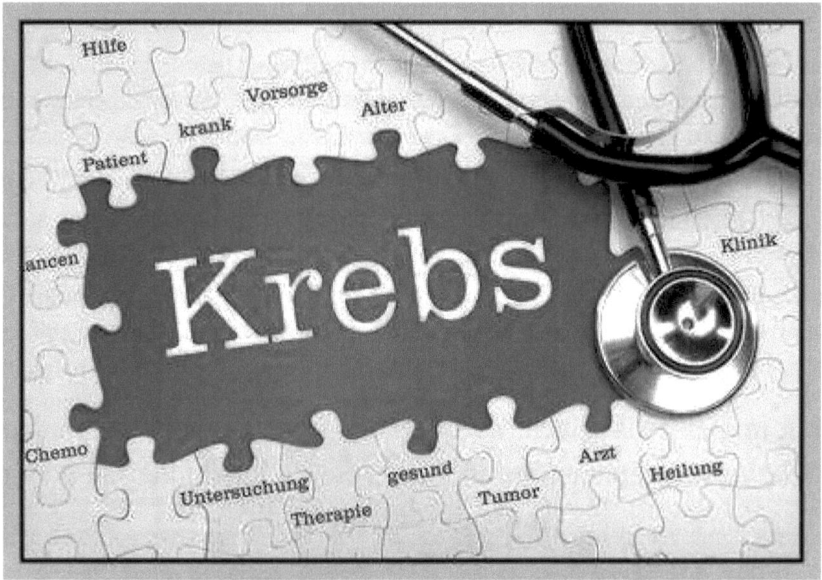

© Gemeinfrei

A#

Behandlung - ohne dass ein Krankenhausaufenthalt erforderlich ist.

B#

Ein Befund ist das Ergebnis einer Untersuchung.

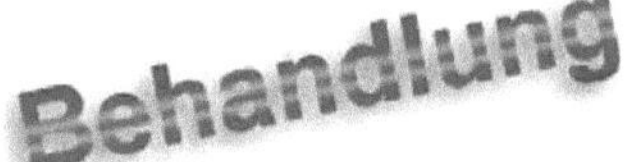

Eine Behandlung umfasst alle Dinge, die helfen sollen, eine Krankheit zu heilen. Man nennt es auch Therapie.

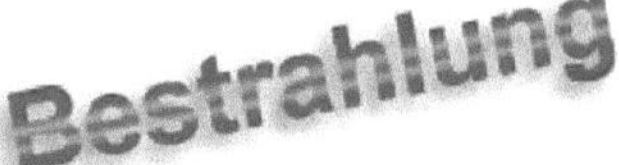

Bei der Bestrahlung versuchen die Ärzte gezielt Röntgenstrahlen so einzusetzen, dass die kranken Zellen zerstört werden. Manchmal gehen dabei auch gesunde Zellen kaputt, was dann z.B. wie ein Sonnenbrand aussehen und wehtun kann. Vorher markiert der Arzt mit einem speziellen Stift das Körperteil, das bestrahlt werden soll.

Biopsie

Eine kleine Operation. Hierbei entnimmt der Arzt ganz wenige Körperzellen, um genauere Informationen über die Erkrankung zu erhalten.

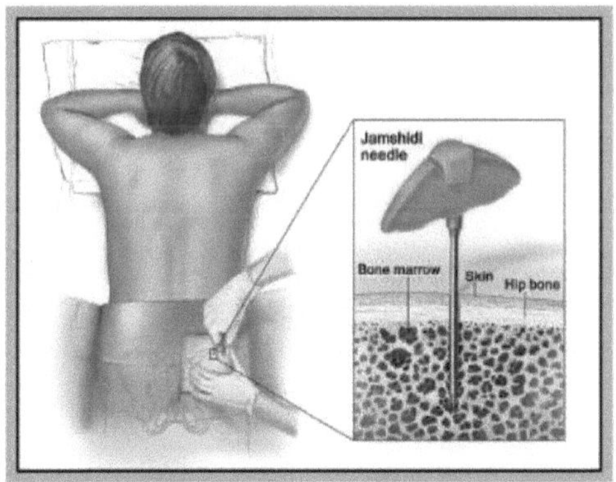

Quelle: http://commons.wikimedia.org/wiki/File:Bone_biospy.jpg?uselang=de

Böser Tumor

Kranke Körperzellen, die sich genauso wie gesunde Körperzellen vermehren können. Sie sind lebensbedrohlich, weil sie gesunde Körperzellen zerstören und müssen deshalb medizinisch bekämpft werden.

C#

Darunter versteht man die Gabe von verschiedenen Medikamenten, die in Tabletten, Spritzen oder Infusionen in den Körper gelangen und die kranken Zellen zerstören und die gesunden Zellen schützen sollen. Die Chemotherapie macht manchmal sehr müde und kann zu Haarausfall führen.

Eine spezielle Untersuchungsmethode mit Röntgenstrahlen, um das Innere des Körpers darzustellen. Dies ist nicht schmerzhaft!

D#

Am Ende einer Untersuchung stellt der Arzt die Diagnose, d.h., er teilt dem Patienten mit, woran er erkrankt ist.

Diagnostik

So nennt man die Gesamtheit der Maßnahmen, die von Ärzten getroffen werden, um eine Krankheit zu erkennen. Hierzu zählen einfache Untersuchungen, wie Abtasten, Abhorchen bis hin zum Einsatz hochkomplizierter Technik wie Ultraschall, Röntgenstrahlen, Computertomographie (CT), Magnetresonanztomographie (MRT)….

E#

Ergänzende Behandlungsmethoden

Das können z.B. die Gabe von speziellen Medikamenten, eine besondere vitaminreiche Ernährung, Sport oder Entspannungsübungen sein. Diese können helfen, die Abwehrkräfte des Körpers und das Wohlbefinden des Patienten zu steigern.

F, G#

Gutartige Tumore sind gesunde Körperzellen, die sich stark vermehrt und angesammelt haben. Dies muss medizinisch untersucht werden, um herauszufinden, ob es für den betroffenen Menschen gefährlich ist.

H, I#

körpereigenes Abwehrsystem, das Krankheitserreger bekämpft.

Eine spezielle Flüssigkeit, die in Flaschen an einem Infusionsständer mit dem Kopf nach unten hängen. Sie sind mit einem Schlauch verbunden, der direkt ins Blut des kranken Menschen führt. Hierüber können dem Patienten z.B. Medikamente oder Vitamine gegeben werden.

J, K#

Karzinom (oder Carcinom)

Ein Karzinom ist eine Ansammlung von kranken (bösartigen) Zellen im Körper. Oft wird dies auch mit CA abgekürzt.

Krankheit

Eine Krankheit liegt vor, wenn der Körper nicht mehr so funktioniert, wie er funktionieren sollte und man sich nicht wohl fühlt.

Krebserkrankung

Dies ist eine Krankheit, die oft auch abgekürzt “**KREBS**” genannt wird. Sie hat nichts mit dem **KREBS**, der im Wasser lebt, zu tun. Eine Krebserkrankung entsteht, wenn sich “kranke” Körperzellen so stark vermehren, dass die gesunden Zellen verdrängt werden und keinen Platz mehr haben.

Der Körper besteht aus vielen kleinen Teilen, den sogenannten Zellen, die dafür sorgen, dass alles in unserem Körper gut funktioniert. Damit immer genügend Zellen vorhanden sind, vermehren sie sich in unserem Körper immer nach einer bestimmten Ordnung.

Nun gibt es aber manchmal Zellen, die sich nicht an diese Ordnung halten. Sie erfüllen keine bestimmten Aufgaben, sondern stören die anderen Körperzellen nur. Diese “kranken” Zellen nennt man dann “Krebszellen”. Sie vermehren sich völlig unkontrolliert und “fressen” die gesunden Zellen sozusagen auf. Das ist gefährlich, denn wenn nicht mehr genügend gesunde Zellen in unserem Körper sind, können wir nicht mehr leben.

L#

Lymphknoten

Lymphknoten sind "Sammelstellen" des Lymphgefäßsystems im Körper, das so ähnlich aufgebaut ist wie das Blutkreislaufsystem. Diese dienen der Körperabwehrkraft. Dort werden Krankheitserreger, wie z.B. Bakterien, Viren oder auch Krebszellen, bekämpft.

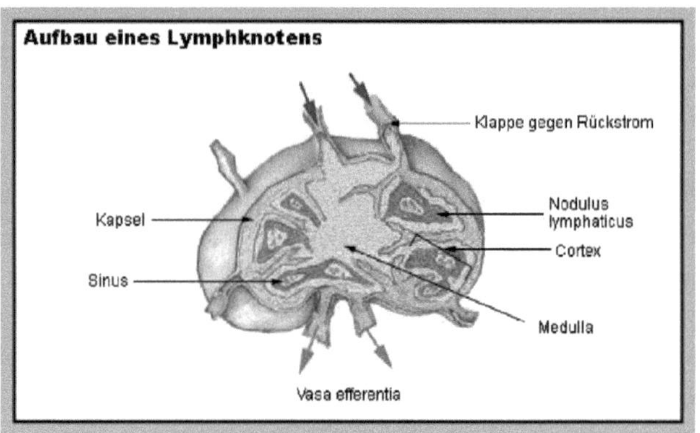

Quelle:
http://commons.wikimedia.org/wiki/File:Illu_lymph_node_structure_de.png?uselang=de

M#

Maligne

Lateinisches Wort für "bösartig".

Mammographie

Die Mammographie ist eine spezielle Röntgenuntersuchung der Brust zu Früherkennung von Brustkrebs. "Mamma" ist der lateinische Name für die weibliche Brust. "Graphie" kommt aus dem Griechischen und kann mit Aufzeichnung oder auch Darstellungsverfahren übersetzt werden. Je früher Brustkrebs erkannt wird, desto besser ist die Aussicht auf Heilung.

Metastasen

Dies sind kleinere, kranke Zellen, die sich vom Primärtumor ablösen und hauptsächlich über das Blut auf Wanderschaft durch den Körper gehen, bis sie sich an einer beliebigen Stelle im Körper ansiedeln und zu einem neuen Karzinom heranwachsen.

Methode

Mit einer Methode ist gemeint, in welcher Form ein kranker Mensch behandelt wird. Operation, Chemotherapie oder Bestrahlung sind sogenannte Behandlungsmethoden.

Misteltherapie

Die Mistel ist eine Pflanze. Als Medikament wird sie häufig vor und nach einer Chemotherapie gegeben. Hiermit soll die Verträglichkeit der Chemotherapie verbessert und die Abwehrkräfte des Körpers gestärkt werden.

MRT = MagnetResonanzTomographie oder **Kernspin-Tomographie**

Eine Untersruchungsmethode mit magnetischen Wellen (keine Röntgenstrahlen!), mit der man Bilder vom Inneren des Körpers machen kann. Dies ist nicht schmerzhaft!

N#

Nebenwirkungen

Ein Medikament erfüllt nicht nur die Aufgabe, ein Symptom zu behandeln, sondern hat manchmal auch nicht gewollte Auswirkungen z.B. Übelkeit bei der Chemotherapie.

O#

Operation

Bei einer Operation versucht der Arzt die kranken Zellen zu entfernen, damit der Körper wieder gesund werden kann. Vorher bekommt der Patient Medikamente, damit er keine Schmerzen hat.

P#

Palliative Therapie

So bezeichnet man eine Behandlungsform, die Schmerzen nehmen oder lindern kann.

Primärtumor

Unter Primärtumor versteht man den ursprünglichen, ersten Tumor.

Q# - R#

Rezidiv

Wenn jemand ein Rezidiv hat, bedeutet das, dass sich neue Krebszellen gebildet haben, nachdem sie vorher scheinbar verschwunden waren.

Röntgenstrahlen

Das sind sogenannte elektromagnetische Wellen, mit deren Hilfe der Arzt in den Körper hineinschauen kann. Röntgenstrahlen werden auch als Behandlungsform gegen die Krebszellen eingesetzt.

S#

Symptom

Ein Symptom ist das Anzeichen von einer Krankheit.

T#

Ein anderes Wort für Behandlung.

Tumor ist das lateinische Wort für veränderte Körperzellen. Es gibt sogenannte gutartige und bösartige Tumore.

Häufig wird **KREBS** in verschiedenen Stadien eingeteilt. Diese Einteilung wird "TNM-Klassifikation" genannt:

U#

Ultraschall (Sonographie)

Bei einer Ultraschall-Untersuchung werden verschiedene Körperregionen mit Hilfe von sogenannten Ultraschallwellen bildlich dargestellt. Sie dient in vielen Bereichen zur Erstdiagnose von Erkrankungen.

Der Arzt bringt ein Gel auf den Schallkopf und die Haut auf, damit bei der Untersuchung keine Luft dazwischen ist. Sonst würde man kein Ultraschallbild erhalten.

Durch die Bewegung und unterschiedliche Abwinkelung des Schallkopfs auf der Haut lassen sich die gewünschten Organe und Gewebe aus verschiedenen Richtungen betrachten.

Die Ultraschall-Untersuchung ist schmerzlos und praktisch risikolos, weil dabei keine gefährlichen Strahlen ausgesendet werden.

V#

Vorsorgeuntersuchung

Untersuchungen, die bei Kindern oder Erwachsenen durchgeführt werden. Durch die Untersuchungen können Krankheiten frühzeitig erkannt und entsprechend behandelt werden.

Um Krebserkrankungen möglichst frühzeitig zu erkennen, sollte jede Frau (Ab 18 Jahren), jeder Mann (ab 45 Jahren) alle 1 bis 2 Jahre zum Arzt gehen und sich dort vorsorglich untersuchen lassen. Die Kosten dafür übernimmt in den meisten Fällen die Krankenkasse, wo man sich näher informieren kann.

Je früher eine Krebserkrankung erkannt wird, desto größer sind die Heilungschancen!

W# - X# - Y# - Z#

Eine Zelle ist ein winziges Teilchen oder Baustein des Körpers. Der Körper besteht aus unzähligen lebenden Zellen, die sich teilen und vermehren. Dadurch wachsen z. B. Fingernägel oder Haare immer wieder nach.

BUCHTIPPS

- Susanne Krejsa:

  „Mama hat **KREBS** – mit Kindern die Krankheit begreifen“

  Kreuz Verlag, 2004. **EUR 14,90**

- Gerhard Trabert:

  „Als der Mond vor die Sonne trat“

  Editions Mathieu Verlag, 2001. **EUR 12,00**

- Martine Hennuy:

  „Wann kommst Du wieder Mama? Ein Bilderbuch über **KREBS**“

  Sauerländer Verlag, 2007. **EUR 13,90**

- Daniela Tausch-Flammer:

  „Wenn Kinder nach dem Sterben fragen: Ein Begleitbuch für Kinder,

  Eltern und Erzieher

  Herder Verlag, 2008. **EUR 8,90**

HILFE & BERATUNGSSTELLEN

Der Härtefonds hilft in finanzieller Not

Falls Sie als **KREBS**-Patient unverschuldet in finanzielle Not geraten sind, können Sie beim Härtefonds der Deutschen Krebshilfe kurzfristig Hilfe beantragen. Der Härtefonds kann beispielsweise in Anspruch genommen werden, wenn ein berufstätiges Familienmitglied aufgrund einer Krebserkrankung zeitweise statt eines vollen Gehaltes nur Krankengeld erhält.

Um sicherzustellen, dass die Gelder wirklich denen zugute kommen, die sie am dringendsten benötigen, sind die Zuwendungen an Familieneinkommensgrenzen gebunden. Die Zuwendungen sind in der Regel einmalig.

Ein einfaches Antragsformular, die so genannte **Selbstauskunft** dient der schnellen und unbürokratischen Bearbeitung. Dieses Antragsformular/Selbstauskunft und das entsprechende **Merkblatt** finden Sie in der **Servicebox** in der rechten Spalte. Das Antragsformular können Sie direkt am Computer ausfüllen. Bitte vergessen Sie jedoch nicht, das Formular anschließend auszudrucken und zu **unterschreiben**.

Die Mitarbeiter der Deutschen Krebshilfe informieren Sie gerne über die Leistungen des Härtefonds.

Kontakt

Deutsche Krebshilfe e. V.
Härtefonds
Buschstraße 32
53113 Bonn
Telefon: 02 28 / 7 29 90-94
E-Mail: haertefonds@krebshilfe.de

Bitte vergessen Sie nicht, bei schriftlichen Anfragen Ihre **Postanschrift** anzugeben.

STAMMZELLSPENDE (http://www.dkms.de)

Trotz **IHRER** Bemühungen die Öffentlichkeit über die Stammzellspende aufzuklären, existiert eine Reihe von Vorurteilen. Nachfolgend unterziehen wir die geläufigsten Vorurteile einem Fakten- Check.

1. **Vorurteil/Falsch:**
„Stammzellen werden dem Rückenmark entnommen."

Fakt:
Rückenmark (ein Teil des zentralen Nervensystems) und Knochenmark (das wichtigste Blutbildende Organ des Menschen) werden häufig verwechselt. Das Rückenmark des Spenders bleibt unberührt. Das Knochenmark bzw. die Stammzellen werden – wenn die Entnahme mit dem operativen Eingriff erforderlich ist – aus dem Beckenkamm entnommen. Die Entnahme erfolgt unter Vollnarkose.

2. **Vorurteil/Falsch:**
„Für die Stammzellspende ist immer eine Operation nötig."

Fakt:
Neben dem operativen Eingriff – der Knochenmarkentnahme aus dem Beckenkamm – gibt es eine weitere Möglichkeit, Stammzellen zu spenden: Mit ca. 80 % ist die so genannte periphere Stammzellentnahme sogar die am häufigsten durchgeführte. Dabei werden Stammzellen über ein spezielles Verfahren aus dem Blut gesammelt. Dies geschieht ambulant ohne Narkose.

3. **Vorurteil/Falsch:**
„Wenn ich Stammzellen weggebe, dann fehlen sie mir irgendwann einmal."

Fakt:
Der Körper bildet die Stammzellen innerhalb von zwei Wochen neu. Das Verfahren ist mit einer Blutspende vergleichbar und führt nicht zu einem dauerhaften Verlust der Stammzellen.

4. **Vorurteil/Falsch:**
„Der Spender muss die gleiche Blutgruppe wie der Patient haben."

Fakt:
Bei der Stammzelltransplantation kommt es nicht auf die Übereinstimmung der Blutgruppen an, sondern auf die möglichst genaue Übereinstimmung der Gewebemerkmale (HLA-Merkmale) zwischen Spender und Patient. Eine nahezu 100 %ige

Knochenmark- bzw. Stammzellenspende

Das Knochenmark ist im menschlichen Körper für die Blutbildung zuständig. Es findet sich bei Kindern in fast allen Knochen, bei Erwachsenen nur noch im Brustbein, den Rippen, in den Schädelknochen, den Schlüsselbeinen, den Wirbelkörpern, im Becken und den stammwärts gerichteten Enden von Oberarm- und Oberschenkelknochen.

Stammzellen, genauer gesagt Blutstammzellen, werden im Knochenmark gebildet. Sie sind in der Lage, verschiedene Zelltypen zu bilden, die Blutstammzellen eben Blut- und Abwehrzellen. Einige bösartige Erkrankungen des blutbildenden Systems, wie zum Beispiel Leukämie, Lymphdrüsenkrebs (Lymphomen), einigen Autoimmunerkrankungen oder nach einer Chemotherapie machen eine Stammzellenspende erforderlich. Die Spenderzellen ersetzen dann das erkrankte Immunsystem des Empfängers und bilden neue, gesunde Zellen.

Problematisch bei der Übertragung von Blutstammzellen ist, dass bestimmte Gewebemerkmale (HLA-Typen) übereinstimmen müssen. Diese gibt es in Millionen unterschiedlichen Kombinationen, und diese müssen bei Spender und Empfänger möglichst gut übereinstimmen. Je größer die Übereinstimmung, desto größer ist auch die Chance auf eine erfolgreiche Transplantation. Umgekehrt sinkt diese Chance, je unterschiedlicher die HLA-Typen sind. Die Suche nach einem passenden Spender gestaltet sich daher unter Umständen äußerst schwierig, wenn er nicht im eigenen Familienumfeld zu finden ist. Das ist leider nur bei einem kleinen Teil (ca. 30%) der Erkrankten der Fall. Alle anderen sind auf fremde Spender angewiesen.

Um Knochenmark- bzw. Stammzellspender zu werden, muss man sich bei einer der Knochenmarkspenderdatei registrieren lassen.

Zu diesen Knochenmarkspenderdateien zählen unter anderem die Deutsche Knochenmarkspenderdatei (DKMS) in Tübingen und die Westdeutsche SpenderZentrale (WSZE) des Universitätsklinikum Essen und des DRK-Blutspendedienst West.

Eine vollständige Liste aller angeschlossenen Dateien gibt es http://www.zkrd.de.

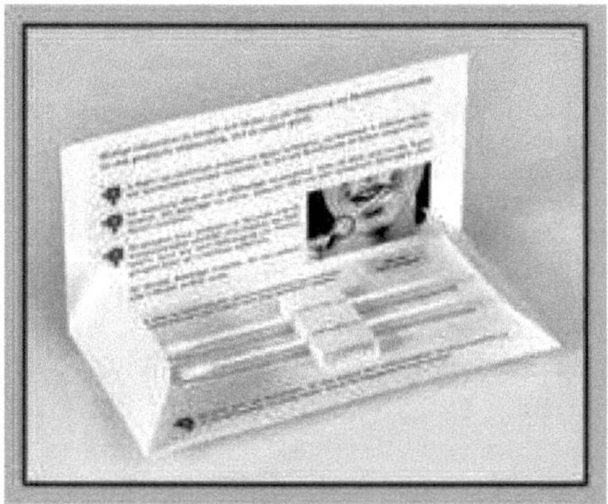

Die Registrierung bzw. Typisierung ist leicht: Entweder man geht zu einer Typisierungsaktion oder einem Partnerstandort der Spenderdatei in der Nähe. Dort werden etwa zwei Esslöffel Blut abgenommen oder ein Schleimhautabstrich gemacht, von dem die Gewebedaten des Spenders bestimmt werden. Das Entnahmeset für die Speichelprobe kann nach einer Online-Registrierung auch per Post nach Hause geschickt werden.

© Typisierungsset der DKMS (Bild: DKMS)

Die Gewebemerkmale werden zusammen mit dem persönlichen Daten (zur Kontaktaufnahme!) des Spenders bei der Spenderdatei gespeichert. Bei der DKMS bekommt der Spender nach der Registrierung auch eine Spendercard zugesandt.

Wenn man bereits in einer Datei erfasst ist, ist eine weitere Typisierung nicht mehr erforderlich. Die Daten aller potentiellen Spender laufen in einer zentralen Sammelstelle, dem Zentralen Knochenmarkspender-Register Deutschland (ZKRD, Ulm), zusammen. Die großen Typisierungsaktionen werden meistens gar nicht von den Verbänden, sondern von Betroffenen oder Freunden der Betroffenen selbst organisiert. Die Verbände bieten dabei lediglich eine Unterstützung.

Um Spender zu werden, muss man 18 - 55 Jahre alt sein, in guter körperlicher Verfassung sein (mindestens 50kg, BMI unter 40), darf nicht an einer chronischen Erkrankung leiden oder einer Risikogruppe (Organtransplantierte Menschen, Suchtkranke) angehören (alle Kriterien (http://www.dkms.de). Mit der Typisierung ist aber noch niemand verpflichtet, auch tatsächlich zu spenden. Wenn festgestellt wird, dass es eine ausreichende Übereinstimmung mit einem Empfänger gibt, werden an Hand eines Gesundheitsfragebogens und einer wiederholten Typisierung noch einmal mögliche Ausschlusskriterien festgestellt. Erst dann und nach einem ausführlichen Aufklärungsgespräch mit einem Arzt gibt man sein schriftliches Einverständnis zur Spende.

Diese kann auf zwei Arten erfolgen:

Zum Einen in einem ambulanten Verfahren, ähnlich der Dialyse oder wie bei der Plasmaspende,

zum anderen als Knochenmarkspende in Vollnarkose, verbunden mit einem stationären Krankenhausaufenthalt.

In ca. 80 % der Fälle wird die Entnahme von Stammzellen ambulant durchgeführt. Dazu muss man sich einige Tage vor der Spende ein Medikament unter die Haut spritzen, das bewirkt, dass die Stammzellen aus dem Knochenmark ins Blut gelangen. Am Tag der Spende werden zwei venöse Zugänge gelegt. Über den einen fließt das Blut in einen sogenannten Zellseparator. Dort werden die Stammzellen aus dem Blut gefiltert und das Blut wieder über den zweiten Zugang zurückgegeben. Dazu sind etwa vier Stunden Zeit erforderlich.

Bei der Knochenmarkentnahme ist eine Vollnarkose erforderlich. Dem Spender wird aus dem Beckenkamm etwa ein Liter Knochenmark entnommen. Dazu werden zwei kleine Schnitte gemacht, die schnell wieder verheilen. Man muss allerdings zur Beobachtung zwei bis drei Tage stationär im Krankenhaus bleiben.

Die entnommenen Stammzellen regenerieren sich innerhalb von etwa zwei Wochen wieder von selbst. Bei der ersten Entnahmemethode kann es zu grippeähnlichen Symptomen kommen, bei der zweiten können leichte Schmerzen wie bei einer Prellung entstehen.

Die Stammzellen werden dem Empfänger wie eine Infusion oder Bluttransfusion übertragen. Dazu müssen zunächst mit einer Chemotherapie alle eigenen Knochenmarkzellen des Empfängers zerstört werden. Nach ca. 10 Tagen beginnen die neuen Stammzellen mit der Produktion neuer Blutzellen.

© Aktuelle DKMS-Spendercard (Bild: DKMS)

Mehr Informationen gibt es bei den Spenderdateien (http://www.zkrd.de). Dass ich mehrheitlich auf die DKMS verwiesen habe, liegt einfach daran, dass deren Internetseite die für mich informativste und übersichtlichste zur Informationsgewinnung war. Die anderen Dateien machen aber dieselbe gute Arbeit!

© Cunow Martin (Photo 2012 – 6. Monate nach Stammzellen Therapie)
3. Krebs T-Zell Lymphom

Fotostudio Sebastian Ritter
Marienstr. 4
76767 Hagenbach
www.fotostudioritter.de

EINIGE ADRESSEN UND ANLAUFSTELLEN

BUNDESVERBÄNDE

Die beiden hier aufgeführten Verbände sind die Bundesverbände für an **KREBS** erkrankte Kinder bzw. Erwachsene. Bei beiden Verbänden finden Sie viele Hinweise auch zu Hilfsangeboten in Ihrer Region:

DLH Deutsche Leukämie- und Lymphom-Hilfe e.V.

Bundesverband der Selbsthilfeorganisationen zur Unterstützung von Erwachsenen mit Leukämien und Lymphomen e.V.

Internet: www.leukaemie-hilfe.de

Deutsche Kinderkrebsstiftung

Telefon: **+49 228 / 91394-0**

E-Mail: info@kinderkrebsstiftung.de

Internet: www.kinderkrebsstiftung.de

INFORMATIONS- UND BERATUNGSSTELLEN

Krebsinformationsdienst

Deutsches Krebsforschungszentrum Im Neuenheimer Feld 280

69120 Heidelberg

Telefon: +49 800 / 420 30 40

E-Mail: krebsinformationsdienst@dkfz.de

Internet: www.krebsinformationsdienst.de oder www.krebsinformation.de

© Cunow Martin (Screenshoot 2013)

SOZIALRECHTLICHE INFORMATIONEN

Broschüre „Wegweiser zu Sozialleistungen“ online

Internet: www.krebshilfe.de

© Cunow Martin (Screenshoot 2013)

Deutsche Rentenversicherung

Kostenloses Servicetelefon +49 800 / 1000 4800

Internet: www.deutsche-rentenversicherung.de

© Cunow Martin (Screenshoot 2013)

Versorgungsämter

Internet: www.versorgungsaemter.de

INTERNETFOREN FÜR BETROFFENE

Der Austausch mit anderen Betroffenen per Internet kann eine gute Ergänzung zu anderen Kommunikationsmöglichkeiten sein.

Deutsche Leukämie- und Lymphomhilfe e.V.

Bundesverband der Selbsthilfeorganisationen

Internet: www.leukaemie-hilfe.de

© Cunow Martin (Screenshoot 2013)

PSYCHOSOZIALE BEGLEITUNG

Deutsche Arbeitsgemeinschaft Psychosoziale Onkologie e.V. (dapo), Münster

Telefon: +49 700 / 20006666

E-Mail: dapo-ev@t-online.de Internet: www.dapo-ev.de

Psychotherapie-Informations-Dienst (PID)

Telefon: +49 30 / 2 09 16 63 30

E-Mail: pid@dpa-bdp.de

Internet: www.psychotherapiesuche.de

ZKRD Zentrales Knochenmarkspenderregister Deutschland

Internet: www.zkrd.de

Der Härtefonds hilft in finanzieller Not Deutsche Krebshilfe e. V.

Härtefonds Buschstraße 32

53113 Bonn

Telefon: +49 2 28 / 7 29 90-94

E-Mail: haertefonds@krebshilfe.de

Karlsruhe Psychosoziale Beratungsstelle für Krebskranke und Angehörige

Arbeiterwohlfahrt Kreisverband Karlsruhe e. V.

Kronenstr. 15

76133 Karlsruhe

Telefon: +49 721 / 35 007-128 oder -129 (AB)

[Psychosoziale Krebsberatungsstelle Freiburg]

[Universitätsklinikum Freiburg und Klinik für Tumorbiologie]

Hauptstraße 5a

79104 Freiburg

Telefon: +49 761 / 27 07 75 00

Telefax: +49 761 / 27 07 75 30

E-Mail: krebsberatungsstelle@uniklinik-freiburg.de

Internet: www.krebsberatungsstelle-freiburg.de

© Cunow Martin (Screenshoot 2013)

KLINIKEN (einige Tumorzentren)

Tumorzentrum Aachen e.V.
Wendlingweg 2
52074 Aachen
Tel.: (0241) 80 89728 oder (0241) 80 89899
Fax: (0241) 80 82562

Tumorzentrum Bonn e.V.
Klinik für Dermatologie/ Medizin. Universitätsklin.
Sigmund-Freud-Straße 25
53105 Bonn Venusberg
Tel.: (0228) 29 91 61 Fax: (0228) 92 888 27
Internet: http://www.tumorzentrum-bonn.de

Tumorzentrum Rheinland-Pfalz e.V.
Geschäftsstelle
Am Pulverturm 13
55101 Mainz
Tel.: (06131) 17-3001 Fax: (06131) 176607
Intenet: http://mz98.imsd.uni-mainz.de/TUZ

Tumorzentrum Rhein-Main e.V.
Universitätskinderklinik
Theodor-Stern-Kai 7
60596 Frankfurt (Main)
Tel.: (069) 6301-5338 Fax: (069) 6301-7373
eMail: tuz@em.uni-frankfurt.de
Internet: http://www.klinik.uni-frankfurt.de/Tumorzentrum

Onkologischer Schwerpunkt HSK, Wiesbaden
Dr.-Horst-Schmidt-Kliniken GmbH
Ludwig-Erhard-Str. 100
65119 Wiesbaden
Tel./Fax: 0611/43-3333
eMail: klaus.krehle@hsk-wiesbaden.de
Internet: http://www.hsk-wiesbaden.de/osp_start.htm

Tumorzentrum Homburg/Saar e.V.
Saarländisches Tumorzentrum am
Universitätsklinikum des Saarlandes e.V.
Gebäude 52
66421 Homburg
Tel.: (06841) 16-27431 / 16-27433 Fax: (06841) 16-27496
eMail: tumorzentrum@uniklinik-saarland.de
Internet: http://www.uniklinik-saarland.de/tumorzentrum

Tumorzentrum Heidelberg / Mannheim
Koordinations- und Geschäftsstelle
Im Neuenheimer Feld 105 / 110
69120 Heidelberg
Tel.: (06221) 566557 / 566558 Fax: (06221) 565094
eMail: tzhdma@med.uni-heidelberg.de
Internet: http://www.tumorzentrum-hdma.de

Onkologischer Schwerpunkt Stuttgart
Diakonissen-Krankenhaus
Rosenbergstr. 38
70176 Stuttgart
Tel.: (0711) 991-3511 Fax: (0711) 991-1090
eMail: info@osp-stuttgart.de
Internet: http://www.osp-stuttgart.de

Interdisziplinäres Tumorzentrum Tübingen
Eberhard-Karls-Universität
Herrenberger-Straße 23
72070 Tübingen
Tel.: (07071) 29-85235 / 29-85236 Fax: (07071) 295225
eMail: tumorzentrum@med.uni-tuebingen.de
Internet: http://www.medizin.uni-tuebingen.de/itz/index.html

Tumorzentrum Freiburg
Klinikum der Universität
Hugstetter Straße 55
79106 Freiburg
Tel.: (0761) 270-3302 Fax: (0761) 2703398
eMail: ulrike.gromer@uniklinik-freiburg.de
Internet: http://www.tumorzentrum-freiburg.de

Tumorzentrum München
Geschäftsstelle
Maistraße 11
80337 München
Tel.: (089) 5160-2238 Fax: (089) 5160-4787
eMail: tzmuenchen@med.uni-muenchen.de
Internet: http://www.med.uni-muenchen.de/TZMuenchen

Tumorzentrum Augsburg
Stenglinstraße 2
86156 Augsburg
Tel.: (0821) 400-3100 Fax: (0821) 400-3381
eMail: info@tuz.zk.augsburg-med.de
Internet: http://www.tumorzentrum-augsburg.de

Tumorzentrum Ulm
Klinikum der Universität Ulm
Robert-Koch-Str. 8
89081 Ulm
Tel.: (0731) 502-3333 Fax: (0731) 502-4626
eMail: sekr.tzu@medizin.uni-ulm.de
Internet: http://www.uni-ulm.de/klinik/tzu

Tumorzentrum Weser-Ems e.V.
Ärztehaus, Huntestr.14
26135 Oldenburg
Tel.: (0441) 44 215
eMail: info@tumorzentrum-weser-ems.de
Internet: http://www.tumorzentrum-weser-ems.de

Tumorzentrum Regensburg
Pathologisches Institut der Universität
Franz-Josef-Strauß-Allee 11
93053 Regensburg
Tel.: (0941) 944-6601 / 944-6600 Fax: (0941) 944-6602
eMail: zentrum.tumor@klinik.uni-regensburg.de
Internet: http://www.tumorzentrum-regensburg.de

Interdisziplinäres Tumorzentrum Würzburg
Sekretariat Medizinische Poliklinik
Klinikstraße 8
97070 Würzburg
Tel.: 0931 - 201 70220
eMail: register.tz@mail.uni-wuerzburg.de
Internet: http://www.tumorzentrum.uni-wuerzburg.de

Klinisches Krebsregister
Klinikum der Universität - Haus D5
Josef-Schneider-Str. 2
D-97080 Würzburg
Tel.: 0931 - 201 35860
Fax: 0931 - 201 35952
eMail: register.tz@mail.uni-wuerzburg.de
Internet: http://www.uni-wuerzburg.de/tumorregister/

Regionales Tumorzentrum Suhl e.V.
Albert-Schweitzer-Str.2
98527 Suhl
Tel.: (03681) 356124 Fax: (03681) 355921
eMail: wackes@tumorzentrum-suhl.de
Internet: http://www.tumorzentrum-suhl.de

Tumorzentrum Erfurt e.V.
Klinikum Erfurt
Postfach 595
99089 Erfurt
Tel.: (0361) 7814802 Fax: (0361) 7814803
eMail: tuz@tumorzentrum-erfurt.de
Internet: http://www.tumorzentrum-erfurt.de

REHAKLINIKEN

Relevante Rehakliniken im PLZ-Bereich 0

Rudolf Presl GmbH & Co. Klinik Bavaria Rehabilitations KG

An der Wolfsschlucht 1-2
01731 Kreischa
Tel.: 035206 63304
Fax: 035206 63333
EMail: info(at)klinik-bavaria.de
Home: www.klinik-bavaria.de/home.html

Anmerkungen:

- Indikationen: hämatologische Systemerkrankungen
- die Klinik führt Anschlussheilbehandlungen (AHB) durch

Klinik Bavaria Zscheckwitz

Rehabilitationszentrum für Kinder, Jugendliche und junge Erwachsene

OT Zscheckwitz 1-3
01731 Kreischa in Sachsen
Tel.: 035206 55-304
Fax: 035206 55-302
EMail: belegung.kinderklinik(at)klinik-bavaria.de
Home: www.klinik-bavaria.de/kinderklinik

Anmerkungen:

- Indikationen: hämatologische Erkrankungen
- die Klinik führt Anschlussheilbehandlungen (AHB) durch
- für Kinder, Jugendliche und junge Erwachsene

Paracelsus-Harz-Klinik

Fachklinik für stationäre und ambulante medizinische Rehabilitation und Anschlussrehabilitation

Paracelsusstraße 1
06485 Quedlinburg
Tel.: 039485 99-0
Fax: 039485 99-802
EMail: bad_suderode(at)pk-mx.de

Anmerkungen:

- Indikationen: maligne Systemerkrankungen

Paracelsus-Klinik Am Schillergarten

Martin-Andersen-Nexö-Straße 10
08645 Bad Elster
Tel.: 037437 70-0
Fax: 037437 70-3999
EMail: bad_elster(at)pk-mx.de
Home: www.paracelsus-kliniken.de/bad_elster

Anmerkungen:

- Indikationen: maligne Systemerkrankungen und Behandlung nach autologer oder allogener Stammzelltransplantation

Relevante Rehakliniken im PLZ-Bereich 1

Rehabilitationsklinik Seebad Ahlbeck Betriebs GmbH

Fachklinik für Onkologie, Atemwegserkrankungen und Orthopädie

Kieferngrund 1-10
17419 Seebad Ahlbeck
Tel.: 038378 781-0
Fax: 038378 781-100
EMail: klinik-ahlbeck(at)dengg-kliniken.de

Anmerkungen:

- Indikationen: maligne Systemerkrankungen
- die Klinik führt Anschlussheilbehandlungen (AHB) durch

Klinik Graal-Müritz GmbH

Fachklinik für Onkologie und Ganzheitsmedizin

Lindenweg 16/17
18181 Graal-Müritz / Ostsee
Tel.: 038206 75-0
Fax: 038206 75-175
EMail: info(at)Klinik-Graal-Mueritz.de
Home: www.krebsrehaklinik.de

Anmerkungen:

- Indikationen: maligne Systemerkrankungen
- die Klinik führt Anschlussheilbehandlungen (AHB) durch

MEDIAN Klinik Wismar

Rehabilitationsklinik für Orthopädie und Onkologie

Ernst-Scheel-Straße 28
23968 Wismar
Tel.: 03841 646-0
Fax: 03841 646-555
EMail: rehaklinik.wismar(at)median-kliniken.de

Anmerkungen:

- Indikationen: Lymphom- und Systemerkrankungen
- die Klinik führt Anschlussheilbehandlungen (AHB) durchv

Rehabilitationsklinik Nordfriesland

Klinik für onkologische Rehabilitation, Atemwegserkrankungen und Schmerztherapie

Wohldweg 9
25826 St. Peter-Ording
Tel.: 04863 401-0
Fax: 04863 401-512
EMail: nordfriesland(at)hamm-kliniken.de

Anmerkungen:

- Indikationen: maligne Systemerkrankungen
- die Klinik führt Anschlussheilbehandlungen (AHB) durch

Nordsee-Reha-Klinik Sonneneck

Fachklinik für onkologische AHB-, AR-, und Rehamaßnahmen

Osterstraße 2
25938 Nordseeheilbad Wyk auf Föhr
Tel.: 04681 5001-421
Fax: 04681 5001-440
EMail: info(at)rehaklinik.net
Home: www.rehaklinik.net

Anmerkungen:

- Indikationen: maligne Systemerkrankungen
- die Klinik führt Anschlussheilbehandlungen (AHB) durch
- spezielles Angebot für Knochenmark- / Stammzelltransplantierte

Klinik Fallingbostel

von Graevemeyer GmbH & Co. KG

Kolkweg 1
29683 Bad Fallingbostel
Tel.: 05162 44-603
Fax: 04681 5001-440
EMail: traeger(at)klinik-fallingbostel.de
Home: www.klinikfallingbostel.com

Anmerkungen:

- Indikationen: Rehabilitation nach allogener und autologer Stammzelltransplantation
- Mitaufnahme von Kindern als "Begleitung" der erkrankten Eltern ist nach vorheriger Absprache/Abklärung im Einzelfall möglich.

Relevante Rehakliniken im PLZ-Bereich 3

MediClin Deister Weser Kliniken

Lug ins Land 5
31848 Bad Münder
Tel.: 05042 600-0
Fax: 05042 600-600
Home: www.deister-weser-kliniken.de

Anmerkungen:

- Indikationen: maligne Systemerkrankungen
- Mitaufnahme von Kindern als "Begleitung" der erkrankten Eltern, Kinderbetreuung während der therapeutischen Anwendungen

Salzetalklinik

Alte Vlothoer Straße 1
32105 Bad Salzuflen
Tel.: 05222 186-0
Fax: 05222 186-250
EMail: info(at)salzetalklinik.de
Home: www.salzetalklinik.de

Anmerkungen:

- Indikationen: maligne Systemerkrankungen

Klinik Bad Oexen

Klinik für onkologische Rehabilitation und Anschlussheilbehandlung

Oexen 27
32549 Bad Oeynhausen
Tel.: 05731 537-0
Fax: 05731 537-736
EMail: klinik(at)badoexen.de
Home: www.BadOexen.de

Anmerkungen:

- Indikationen: Bösartige Erkrankungen des Blutes und des lymphatischen Systems
- die Klinik führt Anschlussheilbehandlungen (AHB) durch
- Die Klinik bietet ein altersdifferenziertes Konzept an, dass Gruppenangebote beinhaltet:

  1. Kinderrehabilitation (für Kinder unter 16 Jahren)

  2. Jugendrehabilitation (Jugendliche im Alter von 16 bis kleiner 18 Jahren)

  3. Junge-Erwachsenen-Rehabilitation (Erwachsene im Alter von 18 bis 32 Jahren, www.jer-reha.de)

  4. Programm 32+ (Patienten im Alter 33 bis 49 Jahren)

  5. Erwachsene ab 50 Jahren und älter

MediClin Rose Klinik

Fachklinik für Orthopädie und Rheumatologie, Fachklinik für Onkologie, Zentrum für Traditionelle Chinesische Medizin

Parkstraße 45-47
32805 Horn-Bad Meinberg
Tel.: 05234 907-0
Fax: 05234 907-777
EMail: info.rose(at)mediclin.de
Home: www.rose-klinik.de

Anmerkungen:

- Indikationen: Fatiguesyndrom
- die Klinik führt Anschlussheilbehandlungen (AHB) durch

Klinik Reinhardshöhe

Fachklinik für Medizinische Anschlussrehabilitation (AHB) und stationäres Heilverfahren (HV) mit den Schwerpunkten Onkologie, Lymphologie, und Orthopädie

Quellenstraße 8-12
34537 Bad Wildungen
Tel.: 05621 705-0
Fax: 05621-705-101
EMail: info(at)klinik-reinhardshoehe.de
Home: www.klinik-reinhardshoehe.de

Anmerkungen:

- Indikationen: malinge Systemerkrankungen
- die Klinik führt Anschlussheilbehandlungen (AHB) durch

Sonnenberg-Klinik

Werner Wicker KG

Hardtstraße 13
37242 Bad Sooden-Allendorf
Tel.: 05652 54-1
Fax: 05652 54-990
EMail: info(at)sonnenberg-klinik.de
Home: www.sonnenberg-klinik.de

Anmerkungen:

- Indikation: malinge Systemerkrankungen
- die Klinik führt Anschlussheilbehandlungen (AHB) durch

Rehabilitationsklinik Bad Salzelmen

Badepark 5
39218 Bad Salzelmen
Tel.: 03928 718-0
Fax: 03928 718-599
EMail: info(at)rehaklinik-bad-salzelmen.de
Home: www.rehaklinik-bad-salzelmen.de

Anmerkungen:

- Indikationen: hämatologische Systemerkrankungen
- die Klinik führt Anschlussheilbehandlungen (AHB) durch

MEDIAN Klinik Kalbe

Rehabilitationsklinik für Orthopädie und Onkologie

Straße der Jugend 2
39624 Kalbe
Tel.: 039080 71-0
Fax: 039080 71-555
EMail: rehaklinik.kalbe(at)median-kliniken.de
Home: http://www.median-kliniken.de

Anmerkungen:

- Indikationen: Lymphome und Systemerkrankungen
- die Klinik führt Anschlussheilbehandlungen (AHB) durch

Relevante Rehakliniken im PLZ-Bereich 4

Niederrhein-Klinik Korschenbroich GmbH

Regentenstraße 22
41352 Korschenbroich
Tel.: 02161 979-0
Fax: 02161 979-222
EMail: info@niederrhein-klinik.de
Home: www.niederrhein-klinik.de

Anmerkungen:

- Indikationen: maligne Systemerkrankungen

HELIOS Klinik Bergisch-Land

Im Saalscheid 5
42369 Wuppertal-Ronsdorf
Tel.: 0202 2463-01
Fax: 0202 2463-1961
EMail: info.bergisch-land(at)helios-kliniken.de
Home: www.klinik-bergisch-land.de

Anmerkungen:

- Indikationen: maligne Systemerkrankungen
- die Klinik führt Anschlussheilbehandlungen (AHB) durch

Relevante Rehakliniken im PLZ-Bereich 5

MediClin Reha-Zentrum Reichshof

Zur Reha-Klinik 1
51580 Reichshof-Eckenhagen
Tel.: 02265 995-0
Fax: 02265 995-100
EMail: Kontaktformular auf der Homepage
Home: www.reha-zentrum-reichshof.de

Anmerkungen:

- Indikationen: maligne Systemerkrankungen, Zustand nach Blutstammzelltransplantation
- die Klinik führt Anschlussheilbehandlungen (AHB) durch

Hamm-Kliniken GmbH & Co. KG

Klinik Nahetal

Burgweg 14
55543 Bad Kreuznach
Tel.: 0671 375-141
Fax: 0671 375-495
EMail: nahetal(at)hamm-kliniken.de
Home: www.hamm-kliniken.de/nahetal

Anmerkungen:

- Indikationen: maligne Systemerkrankungen
- die Klinik führt Anschlussheilbehandlungen (AHB) durch

Relevante Rehakliniken im PLZ-Bereich 6

Hamm-Kliniken GmbH & Co. KG

Klinik Bellevue

Brüder-Grimm-Straße 20
63628 Bad Soden-Salmünster
Tel.: 06056 72-0
Fax: 05056 72-274
EMail: bellevue(at)hamm-kliniken.de
Home: www.hamm-kliniken.de/bellevue

Anmerkungen:

- Indikationen: maligne Systemerkrankungen
- die Klinik führt Anschlussheilbehandlungen (AHB) durch

MEDIAN Kinzigtal-Klinik Bad Soden-Salmünster

Rehabilitationsklinik für Innere Medizin, Orthopädie/Sportmedizin, Onkologie, Urologie und Psychosomatik

Parkstraße 7-9
63628 Bad Soden-Salmünster
Tel.: 06056 737-0
Fax: 06056 737-654
EMail: kinzigtal(at)pitzer-kliniken.de

Anmerkungen:

- Indikationen: maligne Systemerkrankungen
- die Klinik führt Anschlussheilbehandlungen (AHB) durch

Relevante Rehakliniken im PLZ-Bereich 7

MediClin Kraichgau-Klinik

Fritz-Hagner-Promenade 15
74906 Bad Rappenau
Tel.: 07264 802-0
Fax: 07264 802-115
EMail: Kontaktformular auf der Homepage
Home: www.kraichgau-klinik.de

Anmerkungen:

- Indikationen: maligne Systemerkrankungen
- die Klinik führt Anschlussheilbehandlungen (AHB) durch

Waldklinik Dobel

Neuenbürger Straße 49
75335 Dobel
Tel.: 07083 747-0
Fax: 07083 747-617
EMail: patientenservice(at)waldklinik-dobel.de
Home: www.waldklinik-dobel.de

Anmerkungen:

- Indikationen: onkologischen Systemerkrankungen, Zustand nach Stammzell-/Knochenmarkstransplantation (autolog und allogen)
- die Klinik führt Anschlussheilbehandlungen (AHB) durch

Winkelwaldklinik Nordrach

Fachklinik für onkologische Rehabilitation, geriatrische Rehabilitation,
Kurz- und Langzeitpflege, Gesundheitsurlaub

Winkelwald 2-4
77787 Nordrach
Tel.: 07838 83-0
Fax: 07838 83-996
EMail: info(at)winkelwaldklinik.de
Home: www.waldklinik-dobel.de

Anmerkungen:

- Indikationen: hämato-onkologische Systemerkrankungen
- die Klinik führt Anschlussheilbehandlungen (AHB) durch
- Mitaufnahme von Kindern als "Begleitung" der erkrankten Eltern, ganztägige Kinderbetreuung, Möglichkeit des Schulbesuchs in örtlichen Schulen

Asklepios Klinik Triberg

Fachklinik für Hämato-Onkologie, Anschlussrehabilitation (AHB) und Rehabilitation

Ludwigstraße 1-2
77787 Nordrach
Tel.: 07722 955-0
Fax: 07722 2628
EMail: Triberg(at)asklepios.com
Home: www.asklepios.com/triberg/

Anmerkungen:

- Indikationen: hämato-onkologische Systemerkrankungen
- spezielles Angebot für Knochenmark- / Stammzelltransplantierte
- die Klinik führt Anschlussheilbehandlungen (AHB) durch

Katharinenhöhe

Rehabilitationsklinik für Kinder mit ihren Familien, Jugendliche und junge Erwachsene

Oberkatzensteig 11
78141 Schönwald / Schwarzwald
Tel.: 07723 6503-0
Fax: 07723 6503-100
EMail: verwaltung(at)katharinenhoehe.de
Home: www.katharinenhoehe.de

Anmerkungen:

- Indikationen: hämatologische Erkrankungen

Klinik für Tumorbiologie

Klinik für Onkologische Rehabilitation und Nachsorge

Breisacher Straße 117
79106 Freiburg
Tel.: 0761 206-2281
Fax: 0761 206-2296
EMail: aufnahme(at)tumorbio.uni-freiburg.de
Home: www.tumorbio.uni-freiburg.de

Anmerkungen:

- Indikationen: maligne Systemerkrankungen
- spezielles Angebot für Knochenmark- / Stammzelltransplantierte
- spezielles Angebot für Langzeittransplantierte
- die Klinik führt Anschlussheilbehandlungen (AHB) durch

Hamm-Kliniken GmbH & Co. KG

Klinik Park-Therme

Ernst-Eisenlohr-Straße 6
79410 Badenweiler
Tel.: 07632 71-0
Fax: 07632 71-415
EMail: park-therme(at)hamm-kliniken.de
Home: www.hamm-kliniken.de/park-therme

Anmerkungen:

- Indikationen: maligne Systemerkrankungen
- die Klinik führt Anschlussheilbehandlungen (AHB) durch

Relevante Rehakliniken im PLZ-Bereich 8

Klinik Bad Trissl

Bad-Trissl-Straße 73
83080 Oberaudorf
Tel.: 08033 20-217
Fax: 08033 20-295
EMail: info(at)klinik-bad-trissl.de
Home: www.klinik-bad-trissl.de

Anmerkungen:

- Indikationen: maligne Systemerkrankungen
- die Klinik führt Anschlussheilbehandlungen (AHB) durch

Klinik Alpenland GmbH und Co. KG

Fachklinik für onkologische Nachsorge, Psychoonkologie, Gynäkologie und Innere Medizin, Fachklinik für psychosomatische Medizin Psychotherapie

Zenostraße 9
83435 Bad Reichenhall
Tel.: 08651 603-0
Fax: 08651 78660
EMail: info(at)klinik-alpenland.de
Home: www.klinik-alpenland.de

Anmerkungen:

- Indikationen: maligne Systemerkrankungen
- die Klinik führt Anschlussheilbehandlungen (AHB) durch

Waldburg-Zeil Kliniken GmbH & Co. KG

Klinik Schwabenland

Waldburgallee 3-5
88316 Isny-Neutrauchburg
Tel.: 0800 8831605 (kostenfrei)
Fax: 07562 71-1295
EMail: info(at)klinik-schwabenland.de
Home: www.klinik-schwabenland.de

Anmerkungen:

- Indikationen: maligne Systemerkrankungen bzw. hämatologischen Systemerkrankungen, Frühe Rehabilitation nach autologen und allogenen Knochenmark- oder Blutstammzelltransplantationen
- die Klinik führt Anschlussheilbehandlungen (AHB) durch

Waldburg-Zeil Kliniken GmbH & Co. KG

Parksanatorium Aulendorf

Schussenrieder Straße 5
88326 Aulendorf
Tel.: 07525 93-10
Fax: 07525 93-1599
EMail: info(at)parksanatorium-aulendorf.de
Home: www.parksanatorium-aulendorf.de

Anmerkungen:

- Indikationen: maligne Systemerkrankungen bzw. hämatologischen Systemerkrankungen
- die Klinik führt Anschlussheilbehandlungen (AHB) durch

Relevante Rehakliniken im PLZ-Bereich 9

Bavaria Klinik Freyung GmbH & Co. KG

Rehabilitationsklinik

Solla 19-20
94078 Freyung
Tel.: 08551 99-0
Fax: 08551 99-2489
Home: freyung.klinikbavaria.de

Anmerkungen:

- Indikationen: maligne Systemerkrankungen
- Mitaufnahme von Kindern als "Begleitung" der erkrankten Eltern, Kinderbetreuung während der therapeutischen Anwendungen

Luitpoldklinik Heiligenfeld

Rehabilitationsklinik für orthopädische-unfallchirurgische, internistische, rheumatologische, onkologische und urologische Erkrankungen

Bismarckstraße 24
97688 Bad Kissingen
Tel.: 0971 84-0
Fax: 0971 84-4195
EMail: luitpoldklinik(at)heiligenfeld.de
Home: www.luitpoldklinik.heiligenfeld.de

Anmerkungen:

- Indikationen: maligne Systemerkrankungen

Rehabilitations- und Präventionszentrum Bad Bocklet

Parksanatorium Bad Bocklet GmbH & Co KG

Frankenstraße 36
97708 Bad Bocklet
Tel.: 09708 79-0
Fax: 09708 79-3435
EMail: info(at)rehazentrum-bb.de
Home: www.rehazentrum-bb.de

Anmerkungen:

- Indikationen: maligne Systemerkrankungen bei insgesamt onkologischem Schwerpunkt
- Rehabilitationsformen: AHB (Anschlussheilbehandlung), Allgemeine - /Wiederholungsrehabilitationen

MEDIAN Adelsberg-Klinik Bad Berka

Rehabilitationsklinik für Onkologie, Gynäkologie und Urologie sowie für Herz-Kreislauf-Erkrankungen

Erlenweg 2
99438 Bad Berka
Tel.: 036458 38-0
Fax: 036458 38-1555
EMail: rehaklinik.badberka(at)median-kliniken.de

Anmerkungen:

- Indikationen: maligne Systemerkrankungen
- die Klinik führt Anschlussheilbehandlungen (AHB) durch

Inselsberg-Klinik Tabarz

Rehabilitationsklinik für Onkologie und Maligne Systemerkrankungen

Fischbacher Straße 36
99891 Tabarz/Thüringen
Tel.: 036259 53-0
Fax: 036259 53-213
EMail: info(at)inselsberg-klinik.de
Home: www.inselsberg-klinik.de

Anmerkungen:

- Indikationen: maligne Systemerkrankungen
- die Klinik führt Anschlussheilbehandlungen (AHB) durch
- Mitaufnahme von Kindern als "Begleitung" der erkrankten Eltern

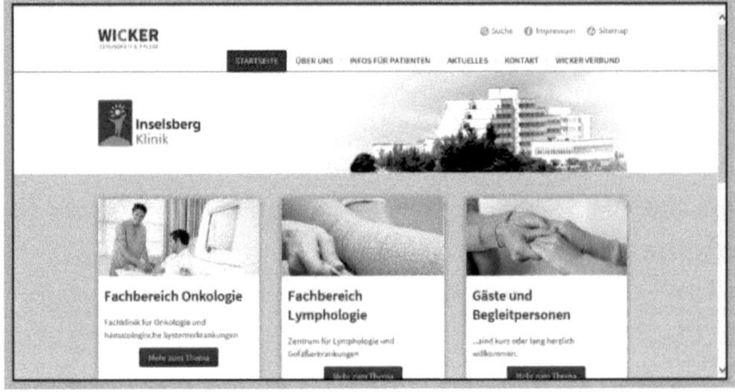

SCHWERBEHINDERTENRECHT §

Was muss ich unbedingt darüber wissen

Einführung ins Schwerbehindertenrecht

I. Begriffserklärung

Behinderung im Sinne des Gesetzes SGB IX: - wenn eine nicht nur vorübergehende regelwidrige körperliche, geistige oder seelische Funktionsbeeinträchtigung vorliegt (länger als 6 Monate)

regelwidrig = Zustand der von dem des Lebensalter typischen abweicht

nicht vorrübergehend = Zeitraum von mehr als 6 Monaten Schwerbehinderte

„... Personen mit einem Grad der Behinderung von wenigsten 50 ..."

Gleichgestellte - „Personen mit einem Grad der Behinderung von weniger als 50, aber wenigsten 30 ... , sollen ... . auf ihren Antrag vom Arbeitsamt Schwerbehinderten gleichgestellt werden, wenn sie infolge ihrer Behinderung ohne die Gleichstellung einen geeigneten Arbeitsplatz... . nicht erlangen können oder nicht behalten können.

- bis auf den § 47 (Zusatzurlaub) ist das SchwbG für Gleichgestellte maßgebend

Merkzeichen:

BI = Blindheit und hochgradige Sehbehinderung

H = Hilflos (für gewöhnliche und regelmäßig wiederkehrende Verrichtungen im Ablauf des täglichen Lebens in erheblichen Umfang fremder Hilfe dauernd bedarf)

Gilt stets bei Blindheit aber auch bei Hirnschäden, Anfallsleiden, geistiger Behinderung und Psychosen, wenn der GdB 100 beträgt.

G = Gehbehinderung (erhebliche Schwierigkeiten übliche Wegstrecke von bis zu 2Km in einer halben Stunde zurückzulegen). Beeinträchtigung von den unteren Gliedmaßen und / oder von der Lendenwirbelsäule ausgehend, aber auch innere Leiden finden Berücksichtigung. Der GdB von mindestens 50 muss vorliegen.

aG = außergewöhnliche Gebehinderung Querschnittsgelähmte, Doppeloberschenkelamputierte auch Herzleistung- oder Lungenfunktionseinschränkungen die einen GdB von 80 bedingen.

B = ständige Begleitung (bei außergewöhnlich Gehbehinderten, Blinden, geistig Behinderten und Anfallskranken wird dies angenommen), meist auch in Verbindung mit Merkzeichen H II.

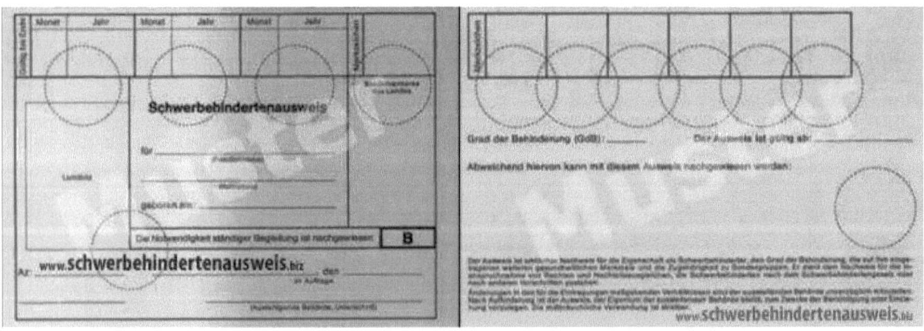

© Alter Schwerbehindertenausweis (Bild: www.schwerbehindertenausweis.biz)

Antragsstellung / Antragsverfahren:

- formloses Schreiben reicht schon einmal um Verfahren einzuleiten

- Antragsformular, in dem bestehende Gesundheitsstörungen, möglichst mit den Funktionsbeeinträchtigungen, sowie Auflistung der behandelnden Ärzte, Kliniken und Rehabilitationsmaßnahmen

- Befundberichte werden von einem Arzt des Versorgungsamtes bzw. einem Unabhängigen Gutachter begutachtet, dies geschieht meistens per Aktenlage, Grundlage sind Anhaltspunkte für die ärztliche Gutachtertätigkeit im sozialen Entschädigungsrecht und nach dem Schwerbehindertengesetz.

Grundsätzlich gilt: Ausschlaggebend ist nicht allein die Krankheit, die vorliegt, vielmehr die Funktionseinschränkung, die von ihr verursacht wird. Neben körperlichen Beschwerden zählen auch die seelischen Beeinträchtigungen, deren Wirkung länger als sechs Montae besteht bzw. anhält.

II. Allgemeine Rechte und Ansprüche von Schwerbehinderten:

a) finanzielle Ebene:

- Lohn- und Einkommenssteuerfreibeträge zwischen 310 – 1420 € im Jahr bei Blinden und Körperbehinderten, die auf Dauer hilflos sind und auf ständige Hilfe angewiesen sind Freibetrag bis zu 3700 €

- Lohnsteuerjahresausgleich Absetzung von Kosten über den Bereich außergewöhnliche Belastungen

- Ermäßigung bei Eintrittgeldern - Freibeträge beim Wohngeld

Zusätzliche Ansprüche:

Merkzeichen B =
* kostenlose Mitnahme einer Begleitperson im öffentlichen Personenverkehr
* Freifahrt im Umkreis von 50 Km oder Ermäßigung bei der KFZ-Steuer

Merkzeichen aG =
* Freifahrt im Umkreis von 50 km seines Wohnortes
* Kraftfahrzeugsteuerbefreiuung, Beitragsnachlaß in der KfZ- Haftpflicht
* Parkerleichterung

Merkzeichen H =
* Freifahrt im Umkreis von 50 km seines Wohnortes
* Kraftfahrzeugsteuerbefreiuung, Beitragsnachlaß in der KfZ- Haftpflicht
* eventuell Pflegegeld nach dem Bundessozialhilfegesetz

Merkzeichen Bl =
* Freifahrt im Umkreis von 50 km seines Wohnortes
* Kraftfahrzeugsteuerbefreiuung, Beitragsnachlaß in der KfZ- Haftpflicht
* Parkerleichterung
* Postversand Vergünstigungen
* Rundfunkgebührenbefreiung, Sozialtarif Telefon bzw. festes monatliches Guthaben
* Nachlass bei der Hundesteuer

Merkzeichen RF =
* Befreiung von Rundfunk,

-Fernsehgebühren sowie Ermäßigung bei Telefonkosten für : - Blinde und wesentlich Sehbehinderte

- für die Gruppe der Gehörlosen und derer die trotz Hörhilfen sich nicht ausreichend verständigen können

- für diejenigen die ständig gehindert sind, an öffentlichen Veranstaltungen jeder Art teilzunehmen 1.Kl

- für Schwerkriegbeschädigte mit einen GdB von 70

b) beruflichen Ebene:

- Lohnkostenzuschüsse für Schwerbehinderte, deren Arbeitsplatz gefährdet ist bzw. die ohne Arbeitsplatz sind - Zusatzurlaub von 5 Tagen

- Gesonderter Kündigungsschutz (Zustimmung durch die Hauptfürsorgestelle)

- Beschäftigungspflicht der Arbeitgeber, jedes Unternehmen hat bestimmten Prozentsatz an Schwerbehinderten einzustellen oder Bußgeld zu bezahlen

- Behinderungsgerechte Gestaltung des Arbeitsplatzes - Berufliche Maßnahmen zur Rehabilitation (z.B. Arbeitserprobung, berufliche Anpassungsmaßnahmen, technische Hilfsmittel)

III. Sinnvoll oder nicht ? - Schwerbehindertenausweis im Bezug auf das Arbeitsleben

Für die berufliche Rehabilitation ist ein Schwerbehindertenausweis nicht unbedingt erforderlich, da die Begriff „Behinderter“ im SGB III anders definiert ist als im Schwerbehindertenrecht SGB IX.

Wichtige Ansprechpartner: Hauptfürsorgestellen heißen jetzt Integrationsämter wesentliche Aufgaben bei der Eingliederung schwerbehinderter Menschen in das Arbeitsleben. Sie sind auch Ansprechpartner für Arbeitgeber Integrationsfachdienste wurden eingerichtet zur Unterstützung von Arbeitsämtern, Rehabilitationsträger und Integrationsämter bei der Vermittlung und nachgehender Betreuung behinderter Menschen und bei der Beratung der Arbeitgeber.

• Abteilung für Rehabilitation der örtlichen Arbeitsagenturen

- Gefährdung des Arbeitsplatzes durch eine Behinderung empfiehlt der Integrationsfachdienst Schwerbehindertenausweis zu beantragen, da dann Kündigungsschutz greifen kann und es finanzielle Förderung für den Arbeitgeber geben kann.:

Ausgleich von Minderleistungen oder für erhöhten Betreuungsbedarf, Lohnkostenzuschuss von jeweils 30% möglich

- Bei der Bewerbung um einen Arbeitsplatz muss individuell besprochen werden, ob es sinnvoll ist einen Schwerbehindertenausweis zu beantragen. (abhängig von der tatsächlichen Einschränkung im Bereich Arbeit, viele Arbeitgeber stehen Schwerbehinderten sehr skeptisch gegenüber)

- Integrationsfachdienst kann aber nur bei Schwerbehinderten direkt in die Vermittlung eingreifen, da er bei dieser Personengruppe mit finanziellem Anreiz um einen Arbeitsplatz werben kann. (Es gibt zurzeit Fördermittel für Arbeitgeber die einen Schwerbehinderten einstellen. Die Bundesregierung hat sich zum Ziel gesetzt 50000 Schwerbehinderte zu vermitteln)

- Bei nicht schwerbehinderten Arbeitssuchenden, aber psychisch beeinträchtigten Menschen ist unterstützende Beratung und Vermittlung durch den Integrationsfachdienst möglich :

wenn Ersatztatbestand vorliegt: - halbes Jahr Aufenthalt in Psychiatrie oder in psychotherapeutischer Behandlung. Hierfür wird fachärztliche Bescheinigung benötigt. -

Gleichstellungsverfahren bei GdB ab 30

1. für Arbeitnehmer im Arbeitsprozess:

- häufige krankheits-/behinderungsbedingte Fehlzeiten
- Belastbarkeit heruntergesetzt, bestimmte Arbeiten können nicht ausgeführt werden
- auf Hilfe von Kollegen angewiesen

2. für jemanden der sich um eine Arbeitsstelle bewirbt:

- erhält die Gleichstellung nur dann, wenn er nur unter dieser Bedingung eingestellt wird

- Sozialrechtliche Lage

- Angabepflicht Schwerbehinderung im Bewerbungsverfahren? (Infos von Frau A. Bollmann, Rechtsanwältin Bergisch Gladbach)

a) Von sich aus, d. h. ungefragt muss ein schwer behinderter Mensch nicht darauf hinweisen. Muss er aber erkennen, dass er aufgrund seiner Schwerbehinderung die Tätigkeit nicht ausüben können wird, muss er darauf hinweisen. Das Gleiche gilt auch bei Vorliegen einer chronischen Erkrankung. Von sich aus muss man nicht darauf hinweisen. Erkennt man aber, dass die Krankheit, z. B. wegen einer anzutretenden Kur direkt schon bei Dienstbeginn nicht ausübbar ist, muss darauf hingewiesen werden.

b) Nach der Rechtsprechung des Bundesarbeitsgerichts muss die Frage nach dem Vorliegen einer Schwerbehinderung oder Gleichstellung wahrheitsgemäß beantwortet werden. Wird die Schwerbehinderteneigenschaft daraufhin geleugnet, bringt das den gesamten Vertrag in Gefahr. Der Arbeitgeber kann den Arbeitsvertrag anfechten mit der Folge, dass der Arbeitsvertrag mit Erklärung der Anfechtung als wirkungslos anzusehen ist.

Es gibt in der Literatur eine starke Meinung, die die Ansicht vertritt, dass auf die Frage nach dem Vorliegen einer Schwerbehinderung / Gleichstellung gelogen werden darf. Als Argument wird das Verbot, schwer behinderte Menschen wegen einer Behinderung bei der Begründung eines Arbeitsverhältnisses zu benachteiligen (§ 81 Abs. 2 Satz 2 Nr. 1 SGB IX), herangezogen.

Es ist nicht auszuschließen, dass die Rechtsprechung des Bundesarbeitsgerichts sich demnächst ändert. Soweit mir bekannt, ist dazu auch ein Verfahren beim Europäischen Gerichtshof anhängig. Die Frage nach einer chronischen Krankheit ist nur insoweit zulässig, als sie mit einem überwiegenden Interesse des Arbeitgebers gerechtfertigt werden kann. So darf der neue Arbeitgeber z. B. fragen: Waren Sie in den beiden letzten Jahren wegen einer schwerwiegenden oder chronischen Erkrankung, die Einfluss auf die vorgesehene Arbeitsleistung haben könnte, arbeitsunfähig krank? Diese Frage muss wahrheitsgemäß beantwortet werden.

Der Arbeitnehmer ist aber nicht verpflichtet, auf Fragen Auskunft zu geben, die sich auf eine Krankheit geringer Bedeutung oder auf Krankheiten beziehen, die sich auf das Arbeitsverhältnis nicht auswirken können. Vielfach findet eine betriebsärztliche Untersuchung statt. Dadurch ändert sich die Rechtslage aber nicht. Auch bei einer ärztlichen Untersuchung dürfen keine Befunde erhoben werden, die über den Umfang des Fragerechts hinausgehen.

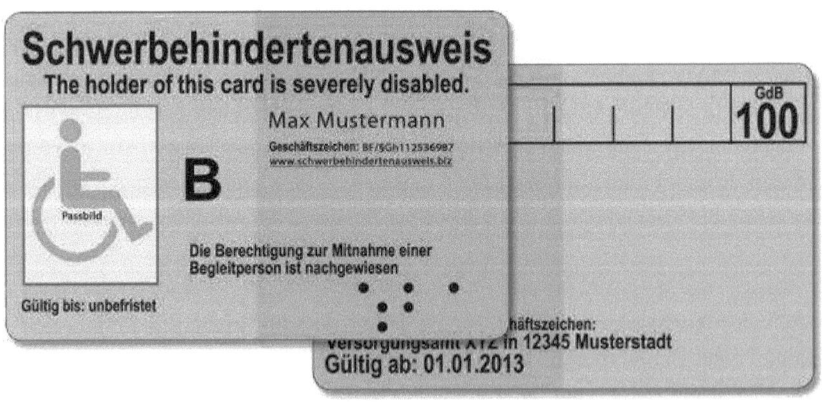

© Neuer Schwerbehindertenausweis ab 01.01.2013
(Bild: www.schwerbehindertenausweis.biz)

Im Einzelfall ist die Abgrenzung aber sehr schwer.

- berufliche Erstausbildung und Schwerbehinderung

- teilweise speziell ausgebildete Berufsberater
- teilweise Erstberatung bereits in der Reha-Abteilung der örtlichen Arbeitsagenturen
- spezielle Zuschüsse für Ausbildungsbetriebe nach dem SGB IX, • Betreuung und Begleitung durch den Integrationsfachdienst §110 SGB IX Studienplatzbewerbung und Schwerbehinderung
- Bewerber mit Schwerbehinderung werden bei der Verteilung auf die Studienorte bevorzugt
- Berücksichtigung beim Auswahlverfahren in NC-Fächern sind zusätzliche Anträge erforderlich (Härtefallantrag und Nachteilsausgleich)
- Bafög-Zuschuss
- Eingliederungshilfe für behinderte Menschen §54 SGB XII

Quelle:
http://kinderklinik-hd.de/infos/schwerbehindert.htm
Maren Bösel, Dipl. Sozialpädagogin

Was kann ich für meine erkrankte Mutter, meinen erkrankten Vater tun?

Wahrscheinlich hast du selbst schon Ideen, wie du deine Eltern unterstützen oder ihnen eine Freude machen kannst?

Im Folgenden möchten wir dir noch weitere Anregungen geben.

Du kannst sie damit nicht gesund machen, aber es kann für alle trotzdem sehr hilfreich sein, mit der schwierigen Situation besser klar zu kommen!

- Mit anpacken ist gut! Z.B. beim Aufräumen oder beim Essen machen helfen. Aber, Vorsicht: Du solltest jetzt nicht ständig die Aufgaben übernehmen, die sonst die Erwachsenen in deiner Familie erledigt haben! Das heißt, du darfst auch weiterhin spielen gehen, dich mit Freunden treffen, Spaß haben und lachen! Vergiss das nicht!

- Wenn du Lust hast, überrasche deinen Vater, deine Mutter oder beide zusammen einmal, indem du ihnen z.B. ein schönes Frühstück ans Bett bringst oder etwas malst oder bastelst, ... Du hast bestimmt auch eine gute Idee!

- Frag deine Mutter und Vater einfach, wie es ihnen geht und was du für sie tun kannst. Es ist oft leichter, wenn man vorher nachfragt, statt sich selbst zu viele Gedanken zu machen, was müsste, was könnte man für den anderen tun!

- Wenn dein Vater oder deine Mutter ins Krankenhaus muss, kannst du ihnen ja vielleicht auch etwas sehr Persönliches von dir, wie z.B. dein Lieblingsstofftier, ... mitgeben, damit sie / er nicht so alleine ist.

- Du willst deine Mutter oder Vater im Krankenhaus besuchen? Gute Idee! Wahrscheinlich würden sie/er sich sehr darüber freuen! Aber, frag am besten vorher nach, ob es recht ist.

- Denn, Operation, Bestrahlung und Chemotherapie können zum Teil so anstrengend sein, dass der Patient viel Ruhe braucht. Es ist dann ganz normal, wenn derjenige im Krankenhaus oder zu Hause oft im Bett liegt und mehr schläft, als sonst. Ohne, dass du es beabsichtigst, könnte in dieser Situation zu häufiger Besuch zu anstrengend sein. Da kann es schon einmal sinnvoller sein, Vater oder Mutter nicht zu besuchen und ihr oder ihm einfach Ruhe gönnen.

- Gib deinen Eltern etwas Zeit, selbst mit der Erkrankung und mit den vielleicht anstehenden medizinischen Behandlungsformen (Operation, Bestrahlung oder Chemotherapie) zurechtzukommen. Wenn sie jetzt etwas mehr Zeit für sich brauchen, heißt das nicht, dass sie dich weniger lieb haben!!!

- Es ist jedenfalls gut und wichtig, Fragen zu stellen, miteinander offen zu reden, statt sich alleine zu viele Gedanken zu machen, weil man dann nur vermuten kann, was für den anderen das Beste, das Sinnvollste wäre. Trau dich!

- Noch ein Tipp! Wenn du willst, nimm deinen Papa oder Mama etwas häufiger in den Arm? (Du brauchst davor ja keine Angst zu haben, weil **KREBS** nicht ansteckend ist!) Sich umarmen, sich zeigen, dass man sich lieb hat, kann gerade in dieser Situation für alle sehr hilfreich sein!

Darf ich auch außerhalb der Familie über die Erkrankung meiner Mutter oder meines Vaters sprechen?

Ja, du darfst!

Die Reaktionen der Menschen darauf können sehr unterschiedlich sein. Manche sind vielleicht überrascht, ängstlich oder unsicher? Lass dich davon aber nicht abhalten, offen über all das zu sprechen, was dir wichtig ist!

Es kann sehr hilfreich sein, wenn du vorher deinen Eltern sagt, dass du gerne mit anderen darüber reden willst.

- Sprich, wenn du möchtet, mit deiner Lehrerin / deinem Lehrer in der Schule. Es kann gut sein, wenn sie / er genauer weiß, wie es dir momentan geht. Wenn du willst, kannst du ja vielleicht sogar das Thema **KREBS** mit der Klasse gemeinsam besprechen? So könntet ihr auch mit falschem Wissen aufräumen, damit alle mehr über diese Erkrankung und alles, was damit zusammen hängt, lernen!

- Du darfst auch mit Freunden über die Erkrankung von Vater oder Mutter reden. Es kann aber sein, dass deine Freunde Angst davor haben, selbst **KREBS** zu bekommen, weil sie zum Beispiel nicht wissen, dass **KREBS** nicht ansteckend ist. Vielleicht hörst du sogar Freunde oder Mitschüler sagen:

„Oh, wie schrecklich, an **KREBS** kann man doch sterben!"

Dann kannst du ihnen sagen, dass **KREBS** nicht ansteckend ist und sogar oft geheilt werden kann!

Kennst du ein berühmtes Beispiel für eine erfolgreiche Heilung?

Bestimmt hast du schon einmal von dem größten und schwersten Radrennen der Welt gehört, der so genannten Tour de France. In den Jahren 1999 – 2005 hat ein Mann dieses Radrennen gewonnen, der einige Jahre zuvor an Hodenkrebs in einem fortgeschrittenen Stadium erkrankt war. Er wurde vollkommen geheilt und war über viele Jahre der beste Radrennfahrer der Welt!

Ja, es ist **Lance Armstrong**.

Lance Armstrong Tour 2010 team presentation

http://commons.wikimedia.org/wiki/File:Lance_Armstrong_Tour_2010_team_presentation.jpg

Was kann ich für meine eigene Gesundheit tun?

- **Beweg dich!**

  Bei all dem Nachdenken, Grübeln und Reden solltest du vor allem nicht vergessen, dich körperlich zu bewegen! Es ist ganz wichtig, auch dem Körper die Möglichkeit zu geben, aktiv zu sein, sich auszutoben. Das macht den Kopf frei, stärkt den Körper und deine Abwehrkräfte.

- **Nimm dir Zeit für dich!**

  Tu, was dich interessiert und dir Freude macht. Das kann helfen, einfach mal an etwas Anderes oder auch an gar Nichts zu denken und Kraft zu tanken.

- **Geh raus!**

  Mach deinen Lieblingssport, Musik oder überleg, wozu du sonst noch Lust hast.

- **Suche dir andere**

  die auch mitmachen. Das macht meistens noch mehr Spaß!

- **Achte auf deine Ernährung!**

  Mit frischem Obst und Gemüse kannst du Vitamine tanken, die dein Körper braucht, um Krankheiten abwehren zu können. Viel trinken ist auch sehr wichtig. Trinke nach Möglichkeit auch viel naturgesüßte Säfte oder Wasser und Tee.

- **Achte auf deine Gefühle und lass sie raus!**

  Wie geht es dir gerade? Kannst du dich freuen? Fühlst du dich traurig, einsam, unsicher, ängstlich, hilflos, wütend?

- **Alle deine Gefühle sind erlaubt und wichtig!**

  Hab Mut und lass sie raus. Wenn du z.B. wütend bist, kann sich Austoben sehr helfen! Oder du suchst dir jemand, mit dem du über deine Gefühle sprechen kannst. Das kann sehr erleichtern und du fühlst dich dann damit nicht mehr so alleine.

- **Lebe trotzdem auch deinen Alltag!**

  ...aufstehen, miteinander frühstücken, in die Schule gehen, zu Mittag essen, Hausaufgaben machen, spielen, lesen, malen, toben, Freunde treffen,...miteinander zu Abend essen, schlafen gehen,... Das kennst du ja und es ist wichtig, dass du das auch so weiter machst. Es ist wichtig, dass alle Familienmitglieder, soweit es geht, auch ihren Alltag weiter leben. Das kann allen helfen, die vielleicht schwierige Situation, noch besser zu meistern.

- **Welche Tipps fallen dir selbst noch ein?**

Notizen:

Was kann ich tun, wenn ich Fragen habe?

Wenn möglich, versuche immer als erstes mit deinen Eltern zu sprechen. Falls das nicht möglich ist, suche dir Menschen, denen du vertraust.

Das könnten z.B. sein:

- falls deine Eltern getrennt sind, die neuen Partner deiner Elternteile
- Geschwister, Cousin, Cousine
- Oma, Opa, Onkel, Tante
- eine gute Freundin oder ein guter Freund deiner Eltern
- deine Lehrerin oder dein Lehrer
- deine Freundin oder dein Freund
- eine Beratungsstelle, der sich genau mit dieser Situation beschäftigt und auskennt?

.

Notizen:

___

___

___

___

___

___

___

___

___

___

___

___

___

12 Gedanken zum Umgang mit KREBS (Betroffener)

1) Es gibt keine **UNHEILBARE** Krankheit. Grundsätzlich besteht bei jeder Art von Krankheit die – tatsächlich schon bei unzähligen Menschen sich realisiert habende - Chance zur Heilung. Pest, Pocken, **KREBS**… unzählige Menschen haben diese Krankheiten überlebt und wurden wieder gesund. Diese Chance habe auch ich.

2) Jesus fragte einen schwerkranken Menschen: „Willst du gesund werden?" – Dies ist keine „blöde" sondern eine lebenswichtige Frage. Ich muss wissen, ob ich gesund werden will und **WARUM** ich gesund werden will! Ist es, nur weil ich **ANGST** vor der Krankheit oder dem Sterben habe? Oder weil ich **LEBEN WILL**, weil es etwas gibt, **FÜR DAS** ich (**JETZT** und solange ich lebe) leben will.

3) Das **LEBEN** ist (im Gegensatz zur Angst vor dem Tod) etwas, wofür es sich zu leben lohnt! Wenn ich das Ziel habe, dies und jenes in meinem Leben (noch) zu erleben, mobilisiert dies innere Kräfte, die dazu beitragen, dieses Ziel (meiner Krankheit zum Trotz) zu erreichen.

4) Je näher solche Ziele gesetzt sind, desto größer ist ihre Wirkung auf meine Kräfte. Weil ich mir sagen kann: „**DIESES** (nächste) **ZIEL** kann ich jedenfalls durchaus schaffen!", werde ich auch die Kraft finden, es tatsächlich zu schaffen. Und wenn ich dann erfahren hab, dass ich die Zugspitze erklimmen hab können, kann ich es als nächstes mit dem Großglockner und dann mit dem Mont Blanc probieren.

5) (Fast alle) Medikamente und Behandlungen haben (unerwünschte) Nebenwirkungen. Aber sie haben zunächt einmal – darum nehme ich sie!!! - ja eine **POSITIVE** Wirkung. Je mehr ich an die positive Wirkung denke, desto mehr werde ich diese positive Wirkung auch spüren und erfahren. (Je mehr ich mir allerdings von den Nebenwirkungen Angst machen lasse, desto mehr werde ich diese Nebenwirkungen spüren.)

6) Wenn ich schwerkrank bin, habe ich nicht viel zu verlieren. Das einzige, was ich dann noch verlieren kann, ist ja eben ein schwerkrankes Leben.

7) Ich habe aber unfassbar viel zu gewinnen: Stunden, Tage, Monate, Jahre in denen ich liebe und geliebt werde und spüre, dass das Leben etwas ganz intensives und wunderbares ist.

8) Krankheit ist keine Strafe sondern eine Herausforderung. Ich schäme und geniere mich nicht dafür sondern bin stolz auf jeden Tag, an dem ich es meistere, damit zu leben. Manche Menschen durchqueren zu Fuß die Wüste oder durchschwimmen den Ärmelkanal. Ich stelle mich einer lebensbedrohlichen Krankheit.

9) Der Tod ist das natürlichste im Leben, darum fürchte ich ihn nicht. Schon gar nicht, wenn ich mir darüber klar bin, dass er keine Mauer sondern eine Tür ist. Ich werde ihn nicht herbeisehnen. Aber wenn er kommt, werde ich erfahren, dass er es gut mit mir meint.

10) Wenn ich den Tod nicht fürchte, kann ich meine Energie ins Leben investieren. **JETZT** lebe ich nämlich. Darum kümmere ich mich ums Leben und warte nicht auf den Tod. Soll ruhig er auf mich warten.

11) Ich bin **SUBJEKT**. Ich bin weder Objekt noch Opfer meiner Krankheit (noch derer, die mich behandeln oder begleiten). Ich habe eine Krankheit, aber die hat nicht mich. Ich habe sie mir nicht gewünscht, aber jetzt, wo sie da ist, nehme ich sie als Anlass, wichtiges und unwichtiges in meinem Leben neu zu sortieren.

12) Ich habe den Wunsch zu leben. Darum werde ich **MIT** der Krankheit **GEGEN** die Krankheit leben. Ich habe die Hoffnung, sie zu besiegen. Auf meinem Grabstein wird **NICHT** der Satz stehen: „gekämpft, gehofft und doch verloren“!

Ich **WERDE LEBEN UND DAS LEBEN LIEBEN**, solange, bis der Tod einmal meinem Leben sein natürliches Ende auf dieser Welt setzt. Verlieren würde nur, wer aufhört zu lieben. Aber die Liebe hört niemals auf.

VORSTELLUNG

www.verlag-lebensreise.de

Titel: Mein unglaubliches Leben mit der Diagnose KREBS – 1998-2013

Autor: Martin Cunow

Verlag: Lebensreise, Akademikerverlag GmbH, August 2013
ISBN **978-3-639-61716-0**, Paperback, 47 Seiten

EUR 19.80

Printed by Books on Demand GmbH, Norderstedt / Germany